Spiegelungen

Michael Richter

Spiegelungen

Aphorismen à la Carte

Meiner wundervollen Tochter Susanne!

Bibliografische Information der Deutschen
Nationalbibliothek: Die Deutsche Nationalbibliothek
verzeichnet diese Publikation in der Deutschen
Nationalbibliothek; detaillierte bibliografische Daten
sind im Internet über dnb.dnb.de abrufbar.

© 2023 Michael Richter
© Cover 2023 Susanne Richter
© Coverfotos: Maschteich/Neues Rathaus Hannover
Herstellung und Verlag: BoD – Books on Demand,
Norderstedt

ISBN 9783752687705

Inhalt

Sprechen, Schreiben, Schweigen und Schreien

Lügen, Ideologien und Standpunkte

Gott, Glauben und Religion

Von der Zeugung bis zum Ende des Sterbens

Ich, Du und Wir

Eigenschaften und Miteinander

Befindlichkeiten und Widerfahrnisse

Alltag

Politik, Justiz, Frieden und Krieg

Vergangenheit, Gegenwart und Zukunft

Der Autor

Wirklichkeit, Möglichkeiten, Realitäten und Wahrheiten

Komm ins Buch,
aber lass deine Wahrheiten draußen!

Wir kennen die wirkliche Wirklichkeit
nicht, aber wir zeigen ihr ja
auch nicht alles!

Wir stehen vor der Wirklichkeit wie
Küchenschaben vor einem
Quantencomputer.

Von außen wirkt die Wirklichkeit real,
innen ist sie ein schwingendes Nichts.

An der Realität interessiert uns
alles Mögliche.

Das Geheimnis der Wirklichkeit ist ihre
Möglichkeit, Realitäten zu schaffen.

Mein Grabspruch: Zurück ins Mögliche!

Unsere Hoffnung auf ewiges Dasein
liegt darin begründet, dass
wir möglich waren.

Die Potentiale der Wirklichkeit
treiben uns von Realität zu Realität.

Wir ahnen die Möglichkeiten der
Wirklichkeit ebenso wenig wie die
Grenzen zum Unmöglichen.

In der Möglichkeit lernt man
interessantere Leute kennen
als in der Realität.

Die Möglichkeiten streiten sich darüber,
welche Realität am schönsten
gelungen ist.

Um realistisch zu bleiben, benötigen
unsere Gedanken Auslauf im Möglichen.

Nicht unsere Wahrheiten, die
Möglichkeiten lassen die Welt leuchten!

Wenn ich die Realität nicht mehr ertrage,
ziehe ich mich ins Mögliche zurück.

Das Unmögliche erreicht man durch ein
paar tollkühne Gedankensprünge.

Unsere Realitäten ändern sich ständig,
die Möglichkeiten bleiben sich gleich.

Unsere Gedanken reflektieren alles
Mögliche, mit dem Herzen aber wurzeln
wir in der Wirklichkeit.

Unsere Realität ist die für uns beste
aller Möglichkeiten!

Indem wir unsere Möglichkeiten
realisieren, wird Wirklichkeit real.

Realität bedeutet permanente
Realisierung.

Unser Leben ist eine Reise zur
Oberfläche real gewordener
Möglichkeiten.

In der Möglichkeit sind wir gelandet,
wenn wir nicht mehr wissen, wo oben
und unten ist.

Schwarze Löcher sind Sammelstellen für
wiederverwertbare Realität.

Realisten erkennt man
an ihrer Weltanstaunung.

Realist ist man nicht in jeder Realität.

Je wahrer sie sind, desto schlechter
passen Wahrheiten zusammen.

Wahrheiten spiegeln sich in ihren
Gegenwahrheiten.

Wahr ist, dass niemand weiß,
ob diese Aussage wahr ist.

Mit der Zeit sitzen sich
Wahrheiten durch.

Wahrheiten resultieren aus dem Wunsch,
mit dem Denken an ein Ende zu
kommen.

Wahrheiten scheinen erst zutraulich,
werden dann aber schnell aufdringlich.

Zwei Halbwahrheiten zusammen
ergeben eine Viertelwahrheit.

Bei Wahrheiten empfiehlt sich ein Blick
auf das Verfallsdatum.

Das Angebot an leckeren
Fertigwahrheiten nimmt zu.

Durch Entlügnung schrumpfen
Wahrheiten auf das Format
von Ideen zusammen.

Rausch modifiziert unsere
Wahrnehmungen auf angenehme Weise.

Wahrheiten bestätigen sich nur selbst.

Man kann es sich in einer Wahrheit
bequem machen; schöner aber ist es
in der Realität.

Die Wirklichkeit hat uns erschaffen, um
sich über unsere Wahrheiten
zu amüsieren.

Willst du die Wahrheit hören oder
wissen, wie es wirklich ist?

Der Realität ist es egal, ob wir sie
akzeptieren, unseren Wahrheiten nicht.

Die Realität hat es nicht nötig,
wahr zu sein.

Wahrheiten müssen nicht stimmen,
sie müssen nur wahr sein.

Wahrheiten sind um ihre Möglichkeiten
betrogene Realitäten.

Weicht die Realität von der
herrschenden Wahrheit ab, läuft sie
Gefahr, verboten zu werden.

Aus Sicht einer Wahrheit
sind Realisten Renegaten.

Wahrheiten umschwirren die Realität
wie Motten das Licht.

Mit der Wahrheit muss man es nicht so
genau nehmen, mit der Realität schon.

Wir bringen die Realität durch unsere
vielen Wahrheiten noch völlig
durcheinander!

**Nichts, Urknall, Singularitäten,
Kosmos und Chaos**

Nichts dauert ewig, Leben nicht.

Wie kam es ausgerechnet zu dem Nichts,
aus dem wir kommen?

Nichts über das Nichts zu wissen,
scheint angemessen.

Nichts ist weniger als ein Teil davon.

Das Sein ist hier und jetzt,
das Nichts immer und überall.

Nichts erscheint nur uns wie nichts.

Wer hat denn hier schon wieder Fraktale
ans Nichts gesprüht?

Nicht nur von nichts kommt nichts.

Der Urknall war Anfang in Vollendung.

Komisch, dass niemand
den Urknall gehört haben will!

Wer auch immer den Urknall verursacht
hat, wird zuhause bestimmt
Ärger bekommen haben.

Beim Urknall ist die Wirklichkeit in
alles Mögliche auseinandergeflogen.

Nichts ist schwer teilbar.

Beim nächsten Urknall
überlassen wir nichts dem Zufall!

Gibt es für das Universum
überhaupt Ersatzteile?

Wir suchen nach dem kosmischen
Grundgesetz, wichtiger aber
wäre die Präambel.

Auch im Kosmos gibt es einen Wilden
Westen, in dem Gesetze nicht gelten.

Nach schwerer Arbeit
ist die Gravitation am stärksten.

Bei Karnevalsreden und in der
Quantenphysik sind Mehrdeutigkeiten
die Regel.

Die einzigen Gesetze, an die wir uns
halten sollten, stehen in den
Physikbüchern unserer Nachkommen.

Welche Singularität lässt sich
schon gern verallgemeinern?

Das sichtbare Universum ist die größte
uns unbekannte Singularität.

Es ist gefährlich, nichts
dem Zufall zu überlassen.

Die Weltformel steht kleingedruckt
auf der Rückseite.

Im Zufall entfaltet sich
chaotischer Determinismus.

Alles im All ist immer und überall
auf einmal.

Im Mikrokosmos reichen unendliche
Weiten bis hinters Nichts.

Jeder ist der Mittelpunkt der Welt.

Indizien lassen vermuten, dass Gott bei
der Erschaffung der Welt
Vorgängermodelle ausgeschlachtet hat.

Licht und Töne sind im Universum
schwer auszumachen.

Jeden Abend zeichnen die Sterne neue
Vergangenheiten ans Firmament.

Das Universum ist dunkel,
damit die Sterne leuchten.

Nur Gedanken sind schneller
als das Licht.

Alles im All ist bei weitem nicht alles.

Mesokosmos:
Wir Menschen im Universum

Die Menschheit ist eine Ansammlung
mesokosmischer Singularitäten.

Unter uns ist der Mikrokosmos, über uns
der Makrokosmos, in uns
die Mitte der Welt.

Es ist, als erinnere sich die Welt in uns
an etwas nie Gewesenes; es ist, als
entwürfe sie mit uns etwas,
das nie sein wird.

Wir müssen uns von einer unbekannten
Mitte aus denken.

Wir Menschen sind die wichtigste
Information über alles, nichts,
sowie dies und das.

Nur auf der Erde ist das Universum
überbevölkert.

In bestimmten Situationen
wirkt Gravitation eher abstoßend.

Wir Menschen lassen erkennen,
was es mit der Erde auf sich hat.

Wenn wir das Weltall anhimmeln,
gefällt es sich.

Die wichtigsten Befindlichkeiten des
Menschen im Mesokosmos: Gedanken
schweifen ab, Blicke treffen sich,
Haut kann sich berühren.

In allem sind wir selbst alles.

Zeit

Die Zeit vergeht nicht, wir vergehen.

Uhren messen die Zeit nicht,
sie behaupten sie nur.

Wenn eine Uhr vorgeht,
gehen alle anderen nach.

Eine Weile ist das richtige Maß.

Wir sparen Zeit, um Zeit zum
Zeitvertreib zu haben.

Wir gehen mit der Zeit.

Die Zeit ist in die Furchen der Raumzeit
gesät; daraus erwachsen die schönsten
Galaxien, Sterne und Mädchen.

Wer schneller als die Zeit ist,
kann auf ihr surfen.

Die meiste Zeit verbringen wir.

Den Umgang mit langen Zeiträumen
kann man schlecht üben.

Die Zeit vergeht zu schnell;
wir kommen mit dem Leben nicht nach!

Wenn die Raumzeit endet, kommt auch
unser Zeitraum an sein Ende.

Zeit ist eine riesige Ressource; leider
steht sie nur momentan zur Verfügung.

Wenn es Zeit ist, sich zu beeilen,
sollte man langsam anfangen.

Die Zeit vergeht wie im Fluch.

An den meisten Menschen rauscht die
Zeit vorbei; nur wenige lauschen ihrer
vergänglichen Melodie.

Wenn du dir deine Zeit einteilst, heb ein
paar schöne Stücke fürs Finale auf!

Die Zeit hat Lücken; immer wieder
fehlen Minuten, Tage und Jahre!

Zeit gibt es nur,
solange sie gemessen wird.

Wenn wir die Zeit totschlagen,
schlägt sie zurück.

Um langsamer leben zu können,
bräuchten wir mehr Zeit.

Unsere Zeit hat die Ruhe weg.

Mit der Zeit geht alles irgendwann,
irgendwie, irgendwohin.

Die Zeit, die sie uns stehlen,
nutzen andere zum relaxen.

Mit der Zeit wird dasselbe
immer gleicher.

Im Nabel der Zeit kommt die Ruhe
zur Entfaltung.

Zeitlosigkeit vergeht schneller als Zeit.

Alles geschieht ständig nur einmal.

Manches dauert absichtlich,
um uns zu überstehen.

Alles ist nie vorbei.

Da sie noch andauern, können „immer"
und „ewig" nicht abschließend
beurteilt werden.

Zeit ist dafür da, keine zu haben.

Augenblick

Im Augenblick haben wir
alle Zeit der Welt.

Der Augenblick ist real,
alles andere nur möglich.

Erfüllte Augenblicke sind unser
eigentlicher Reichtum

Ein Augenblick ist die für uns
kleinste Zeiteinheit.

Augenblick ist kein Maß für Länge,
sondern für Intensität.

Wer einen Augenblick festhält,
bringt die ganze Welt zum Stehen.

Wer Zeit hat verweilt einen Augenblick.

In jedem Augenblick
entscheidet sich alles.

Was du nicht augenblicklich tust,
wird später nie geschehen sein.

Nichts ist unbegreiflicher,
als im Augenblick da zu sein.

Dem Sterben folgt kein Augenblick.

Anfang und Ende, immer und ewig

Aller Anfang vom Ende ist schwer.

Mit Worten können wir viel anfangen,
aber nur Taten bringen es zu Ende.

Vieles ist schon seit dem
Anfang zu Ende.

Am Anfang war das Wort,
nicht am Start!

Wer neu anfangen will,
hat ständig zu tun.

Haltet durch,
der Anfang ist bald erreicht!

Wir sollten langsam
damit anfangen, aufzuhören!

Am Ende erweist sich
der Anfang als ewig.

Es ist immer jetzt, nur nie immer.

Tue es jetzt, morgen ist auch nur jetzt!

Das Leben ist kurz, aber es dauert ewig
bis der Bus kommt.

Wäre das Leben ewig,
würde der Suizid zum Regelfall.

Seit es uns gibt, werden wir für immer
gewesen sein.

Ständig enden ein paar kleinere
Ewigkeiten.

Nichts ist ewig, Dasein nicht.

Am Ende zählen nur unterlassene Taten.

Unser Leben teilt die Ewigkeit
in zwei Hälften.

Ewig leben wollten wir schon, nur dürfte
sich deswegen der Rentenbeginn
nicht verschieben!

Wir leben nicht ewig, aber wir sind es!

Die Ewigkeit kann es sich leisten, alles
nur einmal geschehen zu lassen.

Die Unendlichkeit versteht man nur
in kleineren Zusammenhängen.

Es gibt unendlich viele Welten, aber
noch mehr von ihnen gibt es nicht.

Milchstraße, Sonne, Erde und Mond

Die Milchstraße ist die einzige Galaxie,
die wir nicht von außen
betrachten können.

Ein vermessenes Hobby Sterblicher:
eine Sammlung von Fotos vergangener
Galaxien.

Galaxien sind Blumen auf dem Balkon
von Mutter Natur.

Wenn Sterne vergehen, welken Welten.

Jeden Moment geht die Sonne
auf und unter.

Wir können die Sterne nur sehen,
weil uns ihr Licht entgegenkommt.

Die Sonne stellt alles in den Schatten.

Der Sinn der Sonne leuchtet ein.

Unsere Schatten schützen sich durch uns
vor den Sonnenstrahlen.

Zum Glück lässt uns die Sonne ab und
zu im Regen stehen.

Die Sonne scheint nur für uns zu
scheinen.

Jeder Wimpernschlag verbraucht
ein Quäntchen Sonnenenergie.

Fassungslos beleuchtet die Sonne
unsere Glühbirnen.

Photonen haben nur bei uns die Ehre,
„Licht der Sonne" genannt zu werden.

Sonnenstrahlen, die nicht auf die Erde
treffen, haben eine lange Reise vor sich.

An schönen Tagen sieht die Erde
viel jünger aus.

Die eigentliche Erdoberfläche
ist unsere Haut.

Mit der Erde haben wir
mehr als genug von dieser Welt.

Wer hinterm Mond lebt
ist schon viel rumgekommen.

Wie stark wird wohl der Jetlag
bei Reisen zum Mars sein?

Mensch und Natur

Verlorenheit in der Natur
ist Ankunft daheim.

Ich bin enorm in Form!
Ich könnte Bäume einpflanzen!

Die Erde beherbergt uns nicht.
Wir sind die Erde!

Die Natur bäumt sich vergeblich auf.

Ohne Regenrationen keine Regeneration.

Gott schläft nachts
bei den Walen im Meer.

Mit der Natur können wir nur
im Vielklang leben.

Humanismus ist die Ideologie
einer zerstörerischen Monokultur.

Der Natur fällt es schwer,
sich uns anzupassen.

Wir sehen die Natur so,
wie sie von uns gesehen werden möchte.

Am besten gefällt uns Natur ohne uns.

Wenn unsere Zeit vorbei ist,
schaut sie noch einmal kurz rein.

Es gibt kein Feuer, das aus ist.

Die schönsten Strecken zum Nordpol
führen alle über den Südpol.

Was wird mit uns Endverbrauchern,
wenn am Ende alles verbraucht ist?

Begrünung braucht
keine Begründung!

Die Ausbeute wird immer geringer,
der Beutel immer größer.

Das preiswerteste Öko-Holz stammt aus
ökonomisch nachhaltigem Kahlschlag.

Wir leben, als hätte die Erde
eine Kehrseite.

Die Natur fährt kaputt.

Den Fischen steht das Wasser
nur noch bis zum Hals.

Nachwachsende Rohstoffe wachsen
nur nach und nach nach.

Der Rest ist immer häufiger
der größere Teil.

Nur was wir sein lassen,
kann uns noch retten.

Leute die Bäume ausreißen,
sind nicht mehr gefragt.

Die Müllkippen von heute
sind die Bergwerke von morgen.

Jeden Tag sollten wir
etwas anderes lassen.

Ein abgeholzter Dschungel
lässt sich besser überblicken.

Macht euch der Erde untertan!

Wir legen den Planeten etwas niedriger
und tönen die Atmosphäre;
das kommt cool rüber!

Ein bisschen wird die Erde
durch jeden Schritt erschüttert.

Ist die Erde „zu verbrauchen bis"
oder „best before"?

An der Erde führt kein Weg vorbei.

Die Erde wird immer runter.

Im All suchen wir nach Bakterien, auf
der Erde zerstören wir Fauna und Flora.

Zum Glück können uns Pflanzen und
Pfifferlinge nicht weglaufen.

Es brauchte Jahrmilliarden
bis zur Hundskamille.

Nicht nur Vegetarier pflanzen sich fort,
und nicht alle Pflanzen sind Vegetarier.

Die schönsten Blumen stehen
nicht alle auf derselben Wiese.

Beim Schlachtfest feiern
die Tiere nicht mit.

Das Leid der Tiere ist uns Wurst.

Wir streicheln uns am Kuscheltier.

Eulen sind dunkelwach und hellmüde.

Menschen sind geeignete Zwischenlager
für Schwermetalle.

Wir Menschen werden mehr und mehr
zum Standortnachteil.

Am artigsten sind Menschen
aus artgerechter Haltung.

Hunde sind völlig auf den
Menschen gekommen.

Uns bringt nur noch weiter,
was uns aufhält.

Wir können nicht mehr weniger.

Das Sonnenlicht legt in Bäumen
Vorräte für dunkle Zeiten an.

Menschliches Dasein, Bleiben und Werden

Der Mensch ist das Mittelmaß
aller Dinge.

Wir sind zwar nicht die Einzigen,
einzig aber schon.

Vieles kann man nur werden,
nicht bleiben.

Dasein ist eine Form des Seins,
die selten da ist.

Erst seit wir sind, waren wir möglich.

Viele kommen im eigenen Leben
gar nicht vor.

Von meinen Bekannten
ist niemand überbevölkert.

Jeder ist besser als jeder Andere.

Wir sind weit und breit
nicht die Einzigen.

Die Welt ist auf jeden einzelnen
von uns zugeschnitten.

Wir sind normalerweise nicht,
ausnahmsweise sind wir.

Alles ist immer, bis auf uns.

Menschen sind Wegwerfgötter.

Im Laufe unserer Entwicklung
verwickeln wir uns immer mehr.

Unsere Einmaligkeit grenzt
an andere Wunder.

Menschen zu werden war das
Schwierigste und Schönste, was uns
passieren konnte.

Zum Wunder unserer Existenz gehört,
dass wir uns so normal vorkommen!

Wir sind nur für diese Welt
wie geschaffen.

Mit der Zeit wurden wir
immer möglicher.

Leb dein Leben,
es ist vielleicht dein letztes!

Wir sind unsere einzige Chance.

Es ist unser erstes Leben,
drum üben wir noch.

Menschen sind nur
ein Bruchteil ihrer selbst.

Um zu verstehen, wer wir sind, müssen
wir wissen, was wir auch hätten
werden können.

Zu Beginn der Zeit war niemand da, der
nicht wissen konnte,
dass niemand da war.

Was bleibt ist die Veränderung;
was sich verändert bleibt.

Bleiben ist vorübergehend,
aufbrechen ewig.

Zählt das was ist oder das was bleibt?

Wer als Erster ankommt,
muss länger bleiben.

Die Orte des Ankommens liegen
selten vor uns.

Niemand bleibt,
wie er gewesen sein wird.

Wer zu sich kommt, darf bleiben.

Wenn du ankommen willst,
bleib wo du bist!

Denken, Verstehen, Freiheit und Wille

Sinne und Sinn

Was sinnvoll ist,
bestimmen unsere Sinne.

Besinnung bedeutet das sinnliche
Bedenken des Gedachten.

Ob wir einen Sinn haben?
Wir haben mehrere!

Herrlich all die Sinnestäuschungen!

Ohne unsere Augen ist die Welt
unsichtbar; ohne Ohren hat Stille
keinen Sinn.

Wir kennen uns vom Hörensagen,
Fühlensehen und Riechenschmecken.

Zwecklos sind wir nicht,
nur hat unser Zweck keinen Sinn.

Was wissen wir denn, wessen Blick wir
gerade kreuzen?

Nirgends sieht man weiter
als vom Boden der Tatsachen.

Was du siehst ist was du denkst.

Sehen besteht zum großen Teil
aus Weggucken.

Einen Eindruck kann man gewinnen,
für mehr muss man zahlen.

Nichts vernebelt mehr
als eine klare Perspektive.

Ein geübter Voyeur behält sich
beim Beobachten selbst im Blick.

Gefühle und Empfindungen

Wir können nicht klar fühlen,
wenn wir denken.

Meine Gefühle geben mir zu denken.

Denken ist das höchste der Gefühle.

Menschen erleben ihr Denken emotional.

Wir treffen uns oberhalb unserer Gefühle
und unterhalb unserer Gedanken.

Gefühle müssen gerührt werden,
sie setzen sonst an.

Gefühle brauchen Nähe,
Gedanken Distanz.

Im Gefühl denkt das Herz mit.

Bei Gefahr gräbt sich die Sprache
im Gefühl ein.

Bei gemischten Gefühlen
kommt es auf die Mischung an.

Wir fühlen unsere Gedanken
und denken unsere Gefühle.

Auf den Gräbern unserer Gefühle
blühen unbekannte Blumen.

Gedanken vergisst man schneller
als Gefühle.

Verstehen kann nur,
wer ein Gefühl für das Denken hat.

Nachdenkliche Menschen fühlen,
ob ihre Gedanken stimmen.

Darüber muss ich
erst nochmal nachfühlen!

Wer sich festgedacht hat,
muss sich wieder losfühlen.

Gefühle muss man bedienen,
Gedanken nehmen sich selbst.

Wenn du dich öffnest,
lass deine Gefühle zu!

Gott hat uns Gefühle gegeben,
damit wir nicht alles verstehen müssen.

Gedanken und Denken

Ach, da fällt mir schnell noch ein
Gedanke ein, der die Welt verändert!

Globales Denken wirkt in der
Milchstraße etwas provinziell.

Die kürzeste Verbindung zwischen
zwei Gedanken ist die Phrase.

Die besten Gedanken kommen
einem vom Selbst.

Unsere Gedanken haben sich so
ausgedacht, dass wir sie denken können.

Ein Gedanke ist schneller
gedacht als entsorgt.

Unleserlich notierte Gedanken lassen
Spielraum für spätere Interpretationen.

Bei geistiger Diät sind
die Methoden umstritten.

Gefährliche Gedanken jagen
harmlose Überlegungen.

Kluge Gedanken fügen sich ineinander
zu einem kleinen Nichts.

Gedanken, die einfach so kommen,
bleiben meist eine Weile.

Wir nehmen uns beim Wort,
nicht beim Gedanken.

Bei starken Sprachturbulenzen sollten
wir unser Denktempo reduzieren!

Dumme Gedanken reichen ein Leben
lang, kluge müssen ständig
erneuert werden.

Die besten Gedanken ignorieren mich
wegen unzulänglicher Denkfähigkeit!

Jeden Gedanken umkreisen Myriaden
ungedachter Ideen.

Jede Generation denkt zum ersten Mal
das immer gleiche.

Bei manchen Gedanken bleiben
einem die Worte weg.

Jage keinem flüchtigen Gedanken nach,
du holst ihn sowieso nicht ein!

Mein Hirn hat mir heute noch gar nicht
vorgeschlagen, was ich
mal denken könnte.

An den Gitterstäben der Sätze
zerren verbotene Gedanken.

Verletzliche Eitelkeiten
werfen sich in Schale.

In meinem Kopf schwirren Gedanken
umher, die garantiert nicht von mir sind!

Ein gedachter Körper
ist ein leibhaftiger Gedanke.

Widersprüchliche Gedanken treffen sich
heimlich in kaum bekannten
Hirnkneipen.

Gedanklich haben wir alles im Begriff.

Bitte einen doppelten klaren Gedanken
mit einer gedachten Olive!

Viele Gedanken kommen einem
beim gezielten Weghören.

Kleine Gedanken fallen,
große Ideen stürzen ein.

Warum fallen uns eigentlich nie
die Gedanken anderer ein?

Ältere Gedanken erkennt man
an der Patina auf dem Semikolon.

Noch vor dem Satzende überholt uns
der nächste Gedanke.

Freundliche Gedanken bummeln und
summen während sie mir
durch den Kopf gehen.

Kommen zwei auf dieselbe Idee,
passen auch noch ein paar mehr drauf.

Unsere Lieblingsgedanken
leiden an Übergewicht.

Ich denke nun schon ein paar Jahre,
aber ich kann mich nicht
daran gewöhnen.

Wer auf Kredit denkt,
zahlt Gedanken ab.

Oberflächliches Denken braucht
komplizierte Formulierungen, um
tiefsinnig zu wirken.

Beim Denken über das Denken sollte
man bedenken, dass das Denken
eigentlich nicht zum denken über das
Denken bestimmt war.

Je mehr mitdenken, desto schwerer
wird es für die Vordenker.

Über das eigene Nachdenken denkt man
erst nach und nach nach.

Clevere Denker speichern
nebensächliche Gedanken
in fremden Hirnen ab.

Nachdenkliche Menschen können sich
auch im Wartezimmer beschäftigen.

Vordenker bestimmen den Weg;
Nachdenkliche kehren
die Scherben zusammen.

Alles selbst zu bedenken kann sich
kaum jemand leisten.

Lass niemanden in dein Denken,
du kriegst ihn nicht wieder raus!

Ohne Bananitäten fehlen
dem Denken Ballaststoffe.

Wir denken auf Probe,
das Stück steht noch nicht fest.

Vordenker bringen niemanden zurück.

Denken geht als Rechnung nicht auf.

Wir können den Anderen
ihre Gedanken nicht verdenken.

Genies denken ungeniert vor sich hin.

Was hat sich die Natur bloß
mit unserem Denken gedacht?

Die einen denken sich was aus,
andere bilden sich was ein.

Man nennt es Nachdenken,
wenn man vor sich hindenkt.

Intellektuelle denken nach,
Handwerker machen sich Gedanken.

Denk dich hin und wieder weg!

Unsere wichtigste Anlageform
ist das Denkvermögen.

Ich muss ständig daran denken, dass ich
nicht ständig daran denken will.

Das Leben geht weiter als man denkt.

Wenn ich so richtig abgedacht habe,
geht es mir besser.

Bei schlechtem Wetter
ist es im Kopf ganz gemütlich.

Aphorismen und andere verbale Singularitäten

Mein Hirn ist krank, es hat Einfall!

Aphorismen sind Einzelstücke,
jeder ist handgedacht.

Aphorismen müssen nicht stimmen; sie
sollen nur anregen, darüber
nachzudenken, ob sie stimmen könnten.

Bei Losungen ist Redundanz die Regel,
bei Aphorismen Singularität.

Dieser Satz ist so noch nie zuvor auf
deutsch geschrieben worden!

Nur selten einmal fällt mir
das Gegenteil ein.

Manche Ideen verschwinden
durch ihre bloße Erwähnung.

Es ist leichter, auf eine Idee zu kommen,
als wieder runter.

Flache Ideen passen besser
durch den Briefschlitz.

Die Idee ist schlecht, aber ihr Gegenteil
noch zu missbrauchen!

Leg die Idee noch mal aufs Hirn,
sie ist noch nicht ganz durch!

Gute Ideen haben eine dezentrale
Struktur und sind leicht flüchtig.

Aphorismen sind Botschaften
aus der wortuellen Welt.

Einige Aphorismen lassen alle anderen
überflüssig erscheinen.

Aphorismen sind eine gute Lektüre für
Vergessliche; sie müssen sich
nicht so viel merken.

Quantensprüche sind die kleinsten
unteilbaren Denkeinheiten.

Weil kaum jemand Aphorismen liest,
wachsen die Spruchhalden.

Ein Aphorismus ist die zufällige
Bekanntschaft mit der eigenen Meinung.

Die tiefste Erniedrigung eines
Aphorismus: Er wird als Losung
missbraucht.

An der Wortfront finden Aphorismen als
Sprengsätze Verwendung.

Aphorismen vermehren sich
durch Widerlegung.

Philosophen beackern ganze Denkfelder;
Aphoristiker sind Jäger und
Sammler geblieben.

Aphorismen sind keine Argumente,
eher Gegenargumente.

Schlechte Aphorismen sind für all jene,
die die guten nicht verstehen.

Aphorismen sind
nachwachsendes Sprachholz.

Durch Aphorismen wird man nicht
klüger als man es ohnehin nicht ist.

Aphorismen setzen
die Ernsthaftigkeit aufs Spiel.

Aphorismen werden mit Gewinn
gelesen, aber mit Verlust produziert.

Ich fange Aphorismen ein,
bevor sie mir noch jemand wegdenkt!

Aphorismen sind Denkatolle
in Ozeanen der Ungewissheit.

Aphorismen berichten wenig,
berichtigen aber einiges.

Wer seine Aphorismen erklären muss,
sollte besser gleich Romane schreiben.

Aphoristiker haben zwei positive
Eigenschaften: die Faulheit, lange Texte
zu schreiben und die Arroganz
der Mitteilsamen.

Quantensprüche sind
die schnellste Form der Wortbewegung.

Am besten gefallen den Leuten
Aphorismen, die eigentlich anders
gemeint sind.

Aphorismen sind weder wahr noch real;
sie sind subversive Aspekte
des Möglichen.

Aphorismen sind auch
ohne Unterschrift gültig.

Der Aphorismus fiel gegen Ende
etwas ab.

Erkenntnis, Verstehen, Erfahrung

Erkenntnis ist ein blasser Schimmer.

Bei Erkenntnissen machen
Beschlüsse keinen Sinn.

Weil es uns gibt, können wir die Welt
schlecht erklären; gäbe es uns nicht,
wäre es noch schwieriger.

Es versteht dich nur, wer sich dadurch
selbst versteht.

Wer nichts beweisen muss,
kann in Ruhe suchen.

Erster Erkenntniserhaltungssatz: Der
Mensch ist zu letztendlicher Erkenntnis
nicht in der Lage.

Um nichts verstehen zu müssen,
betreiben wie im Kopf kleine
Konfusionskraftwerke.

Zur Erkenntnis führt kein Weg;
sie ist Wegebau.

Wenige suchen nach Erkenntnis,
die meisten nach Gewissheit.

Je kleiner die Erkenntnis,
desto größer die Moral.

Die meisten Menschen folgen
klaren und nachvollziehbaren
Desorientierungen.

Erkenntnis ist wie tanzen; man lächelt
sich an und dreht sich im Kreis.

Manches wird erst in falschen
Zusammenhängen klar.

Wissen benötigt immer neue Fakten,
Erkenntnis Reduktion.

Vom Gipfel der Erkenntnis
geht es nur noch abwärts.

Auf dem Gipfel der Erkenntnis
ist kein Platz zum übernachten.

Erkenntnis heißt zu wissen, was man
warum nicht wissen kann.

Mit wachsender Erkenntnis
nimmt die Zahl der Fehler zu.

Große Erkenntnisse bleiben aus,
wenn kleine Ideen besser helfen.

Fehler sollte man ausmachen,
ehe sie zu erkennen sind.

Viele kommen zur Vernunft
um mal zu gucken.

Man merkt nicht immer gleich
ob man etwas verstanden hat.

Verstehen ist eine Einbahnstraße;
der einzige Rückweg ist das Vergessen.

Bei all den neuen Einsichten verliert
man irgendwann den Überblick.

Manche gehen,
wenn sie munter werden, baden.

Die meiste Zeit steht mein Verstand
offline in der Garage.

Verstehen kann man nur alles auf
einmal, wissen nur nacheinander.

Bei zugezogenen Zusammenhängen
schläft man ruhiger.

Wichtige Details zerfallen
in übergeordnete Zusammenhänge.

Mit wachsender Erkenntnis schwindet
das Bedürfnis, sich mitzuteilen.

Der Gipfel der Erkenntnis ist
in Staunen gehüllt.

Sachlichkeit ist ein Grat, keine Ebene.

Auch Ursachen sind das Resultat
von Wirkungen.

Wenn alle Ursachen verbraucht sind,
bleiben nur noch Folgen.

Manches machen wir nur wegen der
Nebenwirkungen.

Was mich beeindrucken soll,
darf nicht erklärbar sein.

Dinge lassen sich am besten falsch
erklären, wenn man sie aus dem
Zusammenhang reißt.

Mein Verstehen ist kaputt;
ich trage Hypothesen.

Mathematiker berechnen was stimmt,
nicht was es bedeutet.

Vor dem Extrapolieren werden
die Daten extra poliert.

Was zählt sind die Nenner.

Den Überblick zu behalten ist auch
nur eine Spezialisierung.

Wer mit Erkenntnissen nicht klar
kommt, setzt auf Erfahrung.

Erkenntnisse nützen wenig, wenn die
Erfahrung eine andere Sprache spricht.

Eindrücke sind schwer auszubeulen.

Dass man etwas vergleichen kann, heißt
nicht, dass man es auch
vergleichen kann.

Wissen und Philosophie

Ich weiß nicht genau, ob ich weiß,
dass ich nichts weiß.

Im Nachhinein haben wir es
schon immer gewusst.

Besser entspanntes Verstehen
als geballtes Wissen.

Über unser Nichtwissen wissen wir
so gut wie nichts.

Bei unerklärlichen Erkenntnissen
helfen verbale Kläranlagen.

Am liebsten lernen die Leute
was sie schon wissen.

Wissen braucht Zucker,
Verstehen Hunger.

Um Zusammenhänge nicht verstehen zu
müssen, greifen wir gern auf früheres
Unwissen zurück.

Verstehen resultiert aus der
Ungenauigkeit unseres Nichtwissens.

Erst bilden wir uns etwas,
dann bilden wir uns etwas ein.

Die alles besser wissen,
wissen es nicht besser.

Philosophie muss freie Stellen
für künftige Einsichten lassen.

Bei Reisen in die Philosophie
nimm Bedenkenträger mit!

Nichtverstehen, Irrtümer, Fehler und Horizonte

Wir bleiben bei unseren Irrtümern,
sie denken sich so schön!

Nur im Irrtum haben wir
eine Chance zu überleben.

Klarheit ist ein Nebel aus Illusionen.

Manche Zusammenhänge erkennen wir
nur durch Nichtverstehen.

Wir wissen nicht einmal, was unter
Nichtverstehen alles nicht
zu verstehen ist!

Am längsten merken wir uns das nicht,
was wir nicht verstanden haben.

Die Ferne beginnt in der Nähe.

Attraktive Irrtümer verkaufen sich besser
als simple Einsichten.

Nicht verstehen zu wollen, setzt
verstehen können voraus.

Wenn ich mich nicht täusche
täusche ich mich.

Nur ein Irrtum kann
einen anderen verhindern.

Mir sind die Argumente ausgegangen;
ich lasse anschreien.

Einen Fehler, den man schon lange
macht, beherrscht man perfekt.

Je früher der Fehler,
desto breiter die Wirkung.

Man lernt
aus den eigenen Fehlern der Anderen.

Es ist nicht einfach, fehlerfreie Fehler
zu machen.

Erkenntnisse enthalten Fehler,
in der Phantasie stimmt alles.

Wer ständig Fehler macht,
sollte versuchen, davon zu leben.

Am besten lassen wir die Fehler beim
Schreiben einfach weg!

Jeder hat seine eigenen,
wundervollen Fehler!

Jede Korrektur schafft neue Fehler.

Fehler vermeiden zu wollen, ist ein
Fehler, den man vermeiden sollte.

Spontane Fehlentscheidungen sind
langfristig am wirksamsten.

Unser Horizont wird auch
von der anderen Seite benutzt.

Erweiterte Horizonte sind
meist nur ausgeleiert.

Wer reist, nimmt seinen Horizont
im Handgepäck mit.

Wahrheiten und Horizonte lösen sich
bei genauerem Hinsehen auf.

Meinungen und Überzeugungen

Die eigene Meinung versteht sich
nur von selbst.

Es heißt nicht umsonst Meinung
und nicht Unserung.

Gelegentlich sollten wir auch die
Meinungen unserer Mitmenschen
behalbherzigen.

Ich bin in vielerlei Wegsicht
anderer Meinung.

Was nützt eine Meinung ohne
Gebrauchsanleitung?

In Diktaturen sollte man die öffentliche
Meinung nicht in der Öffentlichkeit
sagen.

Man muss erst einmal eine Meinung
haben, um sich nicht an sie zu halten.

Geteilte Meinung halbe Meinung.

Wer sich nichts mehr zu sagen hat, sagt
sich erstmal richtig die Meinung.

Auf Interessen kann man sich besser
verlassen als auf Meinungen.

Ich hätte gern eine bessere Meinung,
habe aber keine gefunden.

Manchmal muss man falsch fragen, um
die richtige Antwort zu bekommen.

Interessen tarnen sich meist
als Meinungen.

Dazu habe ich
keine öffentliche Meinung!

Meinungen sind in Erfahrungen
verwurzelt und in Überlegungen
verzweigt.

Die alte Meinung lässt die neue
nicht ins Haus.

Meinungen sind freie und chaotische
Assoziationen von Ideen und Interessen.

Meine Meinung ist so komplex,
dass ich ständig Teile davon vergesse.

Erkenntnis beginnt mit einer Meinung
über die eigene Meinung.

Meine Meinung ist mir weit voraus.

Meinungen bilden sich im Gespräch
und legen sich danach wieder.

Eine Spitzenmeinung muss vor allem gut
beschleunigen und wenig verbrauchen!

Wenn wir in uns gehen,
stellt sich unsere Meinung heraus.

Immer wieder rufen Teile meiner
Meinung autonome Gegenmeinungen
aus.

Zwei sind eher einer Meinung als einer.

So schnell, wie sich Meinungen ändern,
least man besser eine.

Man braucht nicht zu allem eine
Meinung, manchmal reichen auch zwei.

Meiner Meinung nach!

Intellektuelle halten Interessen
für Meinungen.

Verstehen beginnt, wenn sich die
Meinung vom Interesse löst.

Ohne Meinung ist man schneller
auf dem neuesten Stand.

Wenn zwei einer Meinung sind,
irrt sich mindestens einer.

Ausgewogene Meinungen müssen
laufend justiert werden.

Wenn zwei einer Meinung sind,
beansprucht jeder den größeren Teil.

Bevor du dir eine Meinung bildest,
überleg, ob du sie wirklich brauchst.

Für alle Fälle habe ich immer ein paar
unbenutzte Meinungen in Petto.

Es ist unmöglich, alle Aspekte einer
Meinung gleichzeitig zu denken.

Wenn sich zwei Meinungen decken
werden neue Ideen gezeugt.

Unsere Meinungen bestehen zum großen
Teil aus dem, was wir gar nicht
so genau wissen wollen.

Meine Meinung habe ich bis auf ein paar
Gegenargumente vergessen.

Wenn Menschen zusammenkommen
gehen Meinungen auseinander.

Meinungen werden oft
gewaltsam geteilt.

Schwerer als eine Sucht ist es,
sich eine Meinung abzugewöhnen.

Die meisten Menschen wissen gar nicht,
dass sie anderer Meinung sind!

Nicht vorhandene Meinungen
verbreiten sich wie Pandemien.

Meine Meinung weiß sehr gut,
dass ich sie nur dulde!

Komisch, dass jeder von uns
ausgerechnet seine eigene Meinung
richtig findet.

Ehrlich gesagt habe ich längst den
Überblick über meine Meinung verloren.

Angemessene Meinungen
gibt es nicht von der Stange.

Meinungen zerfallen, wenn nicht alle
Aspekte gleichzeitig gedacht
werden können.

Lasst uns so lange diskutieren, bis wir
aller keiner Meinung mehr sind!

Für den Alltag eignen sich handfeste
Meinungen besser als
abgehobene Theorien.

Wir haben schon dadurch eine Meinung,
dass wir meinen, wir hätten keine.

Ich weiß nicht, wie du das siehst,
aber ich sehe es genauso!

Je mehr eine Überzeugung teilen,
desto kleiner ist der jeweilige Anteil.

Wer immer seinen Vorsätzen folgt,
schafft es nie bis zum Hauptsatz.

Überzeugungen kann man
nur gewinnen, nicht kaufen.

Bei Kleinigkeiten
fallen Entscheidungen schwerer.

Unsere Einstellung nehmen andere vor.

Nichtschwimmer gehen
im Mainstream baden.

Unentschieden zu bleiben ist eine der
wichtigsten Entscheidungen im Leben.

Ich sehe das ein ganz klein wenig
entgegengesetzt!

Grundsätze werden durch unbegründete
Aussagen anschaulicher.

Wir stöhnen unter dem Joch
einfältiger Paradigmen.

Die Mitte zwischen dafür und dagegen:
Auf und davon!

Ich teile keine Meinung,
ich brauche eine für mich allein!

Was nur einer sagt, ist immer falsch, was
alle sagen sowieso nicht richtig.

Man sollte nur hinter einer Sache stehen,
wenn man sie überblickt.

Dagegen meckern erleichtert
die Zustimmung.

Klugheit und Dummheit

Wer selten etwas Kluges sagt,
wird nicht gern unterbrochen.

Dummen halten Klugheit
für eine Art klügerer Dummheit.

Dumme glauben als erste
an neue Wahrheiten.

Zur Durchsetzung unserer Dummheit
werden wir klug, zum Schutz der
Faulheit aktiv.

Wir können nur so klug werden,
dass wir uns selbst noch verstehen.

Wir sollten den Schönen ihre Schönheit
nachsehen und den Klugen ihre Klugheit
nicht verdenken.

Wer mit Dummheit rechnet, sollte nicht
addieren, sondern multiplizieren.

Klug zu sein kann schaden, wenn man
nicht durch Schaden klug geworden ist.

Stolz ohne Leistung ist Dummheit.

Meist gehen Dumme auf Dummenfang;
sie kennen die Gewohnheiten!

Wer einen Dummen auf eine Idee bringt,
muss sehen, wie er ihn
wieder runterkriegt.

Dummheit ist Klugheit gerecht verteilt.

Auf dem Markt der Eitelkeiten
sind Käufer die Dummen.

Dummheit ist besser organisiert.

Wer sich dumm anstellt,
muss länger warten.

Dumm ist nicht, wer wenig versteht,
sondern wer glaubt, viel verstanden
zu haben.

Zum Glück behindern
sich Dumme gegenseitig.

Die eigene Dummheit ist
schwer auszumachen.

Verbreiteter als Schwarmintelligenz
ist Schwarmdummheit.

Verdummung ist meist nicht nötig.

Dummheit verbreitet sich
durch Applaus.

Dummheit macht sich groß und schwer
um zu gefallen.

Dumm kann man in mehreren
Wissensbereichen gleichzeitig sein,
klug nicht.

Heute darf die Masse ihre Dummheit
ausleben; früher war dies ein
Privileg der Gebildeten.

Der Klügste gibt nach und nach nach.

Kann man jemanden für voll nehmen,
der nicht ganz dicht ist?

Weisheit ist die Folge
zunehmender Vergesslichkeit.

Immer vernünftig zu sein
ist ziemlich unvernünftig!

Der gesunde Menschenverstand
macht uns noch ganz krank!

**Geheimnisse, Ahnungen, Wunder,
Träume**

Vieles ist erst
seit seiner Entdeckung geheim.

Wer keine Geheimnisse hat,
sollte daraus ein Geheimnis machen.

Ein Mensch ohne Geheimnisse
ist wie ein Meer ohne Perlen.

Viele Geheimnisse sind
ausgesprochen uninteressant.

Es gibt kein Geheimnis,
von dem niemand was weiß.

Begreifen heißt, das Sagbare sagen und
das Unaussprechliche ahnen zu können.

Ahnungen sprechen eine andere Sprache
als die Vernunft.

Am besten kann man Dinge nicht
erklären, von denen man
keine Ahnung hat.

Lasst uns aus allen Lösungen
neue Rätsel machen!

Blühender Phantasie folgen nicht immer
reifliche Überlegungen.

Bei aller Phantasie,
bleib auf dem fliegenden Teppich!

Wohl dem, der erst in der Phantasie
an seine Grenzen stößt.

Meist sind es keine Wunder,
über die wir uns wundern.

Die Zeit heilt alle Wunder.

Wunder wachsen durch Bewunderung.

Wen die Realität verwundert,
für den sind Wunder real.

Weil die Welt so wundervoll ist,
wundert mich gar nichts.

Der Vatikan erkennt nur Wunder an,
die vom Wunder der Natur abweichen.

Für Wissenschaftler sind Wunder
wunde Punkte.

Schwere Verwunderungen
heilen schlecht.

Im Traum braucht man keine Brille.

Nach einem schönen Traum
wachen wir ruhig ein.

Besuch meine Träume und sieh,
wie gut du darin bist!

Träume beleuchten den Kopf von innen.

Ich habe ein paar Träume dabei ertappt,
als sie schlecht über mein
Wachsein redeten.

Unsere Realität ist ein Traum,
aus dem wir sterbend erwachen.

Moral, Anstand und Gewissen

Mein Gewissen ist ausgezogen und hat
einige Vermutungen mitgenommen.

Mit nur einer doppelten Moral
kommt keiner aus.

Lieber etwas Gewissen
als das gewisse Etwas!

Moral? Ich kenne meine Feinde!

Anstand ist die Lehre vom Abstand.

Anständige stehen ewig an.

Was sich gehört, geht uns nichts an.

Nach der Tat trocknen wir uns die Hände
am Gewissen ab.

In jeder Unschuld kann man seine Hände
nur einmal waschen.

Unter moralischen Gesichtspunkten
ist der Mensch nicht länger vertretbar.

Gut und Böse

Es gibt unüberwindbare Gegensätze
zwischen but und göse.

Unsere guten Seiten holen wir nur zu
Festtagen aus dem Schrank.

Wir wollen nur das Beste;
den Rest bekommen die Armen.

Dass nicht alles gut ist,
ist gar nicht so schlecht.

Gute Sitten sind etwas für Gutsituierte.

Gutsein bringt kein Guthaben.

Lieber gutfrech als bösartig!

Auch Böse sind untereinander gut.

Böses ist oft nur zu viel des Guten.

Moral schützt uns auch vor dem Guten.

Schlechte Absichten haben
manchmal gute Gründe.

Wenn Güte wütet, hüte dich!

Das Schlechte wird immer mehr
verschlimmbessert.

Lasst es gut sein!

Freiheit und Wille

Der häufigste Gebrauch der Freiheit
ist ihr Nichtgebrauch.

Freiheit ist Einsicht in die
Verwendbarkeit.

Aufgezwungene Freiheit ist eine subtile
Form von Knechtschaft.

Die Freiheit stirbt durch ihre
Verteidigung.

Ist es besser frei zu haben
oder frei zu sein?

Pass auf, dass dich die Freiheit
nicht fesselt!

Unter Unfreien ist der Wert von Freiheit
erst richtig erkennbar.

Freiheit heißt auch, sich gegen sich
selbst entscheiden zu können.

Schulfrei ist die erste Lektion
zum Thema Freiheit.

Demokratie und Gerechtigkeit dienen
der Freiheit; die Freiheit aber
dient niemandem!

Frei ist, wer jederzeit
in seinen Käfig darf.

Wer sein eigenes Brot isst,
kann singen was er will.

Ob man will oder nicht, man will.

Wer nicht hat, der will schon.

Wille äußert sich meist in Unwilligkeit.

Stark ist ein Wille, der sich selbst
widersteht.

Am stärksten ist der Wille, der
nichts von sich weiß.

Willensstärke nützt nichts,
wenn man nicht weiß, was man will.

Wahres Wollen übt Können.

Pessimismus, Probleme, Suchen, Finden

Wenn nichts mehr zu machen ist,
gibt es viel zu tun.

Lösungen leiten zum
nächstgrößeren Problem über.

Wenn Lösungen nichts bringen,
helfen nur noch Konzentrate.

Schwierige Probleme lassen sich
nur mit Leichtigkeit lösen.

Wenn du dich immer anstrengst,
gehen alle deine Probleme in Erfüllung.

Wo man nichts zu suchen hat,
gibt es meist viel zu finden.

Die Stricke, in denen wir uns verfangen
haben, sind unser einziger Halt.

Wer sich selbst auf die Spur kommt,
ist im Kreis gelaufen.

Wer im Dunkeln sucht,
hat im Hellen nichts gefunden.

Vieles finden wir nur, wenn wir
nicht danach gesucht haben.

Ironie, Zynismus, Hoffnung und Zweifel

Hohe Schule der Ironie: Komplimente in
Form von Beleidigungen.

Wenn Zyniker moralisch werden,
entsteht unbarmherzige Güte.

Zyniker kann nur werden,
wer zum Idealisten erzogen wurde.

Wer Zyniker bessert, erhält
bessere Zyniker.

Der Hofnung wurde wegen
Hoffnungslosigkeit ein F aberkannt.

Vergiss die alten Hoffnungen,
mach dir lieber neue!

Wer sich Hoffnungen macht,
ist wenigstens beschäftigt.

Hoffen ist Wollen ohne Konzept.

Ich hege Zweifel und jäte Gewissheiten.

Fanatismus ist Mord am Zweifel.

Vergessen und Erinnern

Wir erinnern uns immer nur
an unsere letzten Erinnerungen.

Manch einer hat so wenig Erinnerungen,
dass sie nicht einmal zum
Vergessen reichen.

Auf dem Weg zum Vergessen
verwelken unsere Erinnerungen.

Vergessen macht Platz für neue
Nebensächlichkeiten.

Sprechen, Schreiben, Schweigen und Schreien

Sprache, Worte, Reden

Man muss mit der Sprache spielen,
sie ist noch ein Kind.

Das Einfache, das so schwer zu sagen
ist; das Schwierige, das
so einfach gesagt wird!

Früher haben wir nacheinander
gesprochen, heute reden
alle gleichzeitig.

Wer keine Mitte hat,
kann den Rand nicht halten.

Reden allein reicht nicht, man muss auch
miteinander zu tun haben.

Je weniger man erlebt, desto mehr Zeit
bleibt, darüber zu berichten.

Kann man, wenn man alles sagen darf,
auch sagen, dass man nicht alles
sagen darf?

Wenn viel Schrott geredet wird,
lohnt sich das Recyceln.

Vom vielen Reden kriegt man
Sprechblasen.

Ein weißes Blatt Papier lässt sich
leichter beschreiben als
ein schwarzes Loch.

Wehe die Sprechspülung geht kaputt!

Die ersten Eselsbrücken wurden
für den Verkehr freigegeben.

Erfindet neue Worte,
die alten reichen nicht mehr!

In ihrer Mitte glüht die Sprache,
am Rand bilden sich dicke Bücher.

Sprechen kann verbinden,
wenn Pflaster fehlen.

Manche Ideen sind reine Wortklauerei.

Meine Wortburg verlasse ich
nur noch im Redegewandt.

Ist der Redner nicht ganz dicht,
rednet es bei den Zuhörern rein.

Manch einer lernt fleißig,
seine Dummheit mehrsprachig
ausdrücken zu können.

Die Wortmosphäre schützt uns
vor der Sprachlosigkeit des Alls.

Die globale Spracherwärmung ist eine
Folge des verstärkten Wortausstoßes.

Haustiere wachsen zweisprachig auf.

Unsere Sprache ist im Fluss;
geht sie baden?

Man kann sich aus allem herausreden,
nur nicht aus der Sprache.

Wer zu den Wurzeln der Sprache
tauchen will, muss die Worte
lange anhalten.

Mit einem Satz ist der Gedanke im Spiel.

Ich habe die Sprache in Verdacht, sich
auf der Rückseite meiner Gedanken
Notizen zu machen.

Den ungeduldigen Teil meiner
Gedanken entlasse ich zum Spielen
in die Sprache.

Manche Schreie wagen sich
bis weit vor die Sprache.

Mit Pressworthämmern reißen sie ganze
Sprachareale ein.

Bei kritischen Fragen stellen sich
einige Antwort tot.

Buntstifte sind mehrsprachig.

Albern ist das schönste deutsche Wort,
gefolgt von Hüpfen und Krabbeln.

Viele Sprachen sind
wortkarge Landschaften.

Lohnt es sich, die Sprache nochmal
anzufachen, trockene Worte
nachzulegen?

Fremdsprachen sollten wir nicht
beherrschen, sondern uns
mit ihnen anfreunden.

Einige Sprachen geben mehr her
als sie haben.

Festvorträge sind nur mit reichlich
Flüssigkeit verträglich.

Mit ein paar Sätzen ist alles gesagt,
für weniger braucht man länger.

Sprich dich aus, aber zieh dich danach
wieder an!

Manches ist leichter getan als gesagt.

Irgendwann entdeckt man die
Kellerstufen unter der Sprache.

Offen redet man besser
in geschlossenen Räumen.

Alles Wichtige ist gesagt,
bevor das Gespräch beginnt.

Wer viele Worte verliert, hat die
richtigen nicht gefunden.

Viele geben ihr Wort erst,
wenn es nichts mehr wert ist.

Es zählt das gedachte Wort!

Wortgeklingel? Das war einmal. Heute
kreischen den ganzen Tag
die Sprachsirenen!

Vergrab deinen Wortschatz nicht,
teil ihn aus!

Der Wortschritt ist unaufhaltsam.

Je größer die Runde,
desto eckiger die Gespräche.

Aufrechte Worte
geraten leicht in die Schusslinie.

Ohne Worte kann man mehr sagen.

Ich nehme dich beim Wort fest!

Es gibt mehr gehörte als
gesprochene Worte.

Unlösbar wird ein Konflikt,
wenn es nur noch um Worte geht.

Wortinventur: Wieder sind einige nicht
mehr da, wo ich sie zuletzt gelesen habe!

In unserer Sprache ist das letzte Wort
noch nicht gesprochen!

In Zukunft finden fossile
Wortablagerungen vielleicht als
Sprachantrieb Verwendung.

Alles und Nichts sind so klein, dass sie
zusammen in diesen kurzen Satz passen.

Taten sind ehrlicher als Worte.

Verschwiegene Worte wiegen
schwerer als gesprochene.

Wie geht es nun weiter mit der Sprache
in unserer Wortwerfgesellschaft?

Ich bevorzuge leichtes Klimpern mit
Worten, keine Kunst der Fuge!

Fahr bei starkem Wortwechsel
besser langsam!

Auch wenn wir Worte wechseln,
behält doch jeder seine.

Nach einer Rede denken alle
in verschiedene Richtungen weiter.

Starker Wortfluss spült jedes Komma
weg; vom Semikolon ganz
zu schweigen!

Man hört es einem Satz nach drei
Worten an, ob ein Aber folgt.

Bei klaren Sätzen erkennt man
den Grund.

Aus vielen Fremdwörtern
sind Gastwörter geworden.

Nonverbale Dialekte unterscheiden sich
in Mimik, Gestik und Gewalt.

Nach der Rede werden
die Perlen zusammengefegt.

Unterredungen dienen der Überredung.

Man sieht es den Sätzen nicht an, ob sie
schon einmal gesagt wurden.

Was, wenn der Festredner sich festredet?

Wirklich überzeugende Reden sind
zugleich einseitig als auch doppeldeutig.

Es ist alles schon gesagt,
nur noch nicht allen.

Wenn man sich nicht klar ausdrückt,
wird deutlicher, was man nicht will.

Danke, dass jeder von Ihnen
so zahlreich erschienen ist!

Was interessiert mich übermorgen
mein Geschwätz von morgen?

Ruhe, Schweigen, Stille, Lärmen

Ruhe ist der letzte Schrei.

Ruhe ist der Jahrmarkt des Geistes.

Im Auge der Zeit kommt die Ruhe
zur Entfaltung.

Wenn Ruhe dein Ziel ist, dann hast du
einen langen Weg hinter dir!

Erst wenn man die Leute reden lässt,
geben sie Ruhe.

Ich will meine Ruhe, nicht deine!

Feierabend? Nein danke,
ich muss mich ausruhen.

Ausruhen ist auch nicht
anstrengender als Arbeit.

Schweigen verbirgt in jeder
Sprache etwas anderes.

Ohne Sprache hat Schweigen
keinen Sinn.

Im Schweigen hat die Sprache ihre
Mitte, im Schreien gerät sie außer sich.

Wer sich hängen lässt, kann
in Ruhe reifen.

Wenn du weißt, worüber du schweigst,
kannst du bedenkenlos reden.

Wenn du schweigst, kannst du alles
verschweigen, wenn du redest,
nie alles sagen.

Wir schweigen, weil wir nichts
oder weil wir zu viel wissen.

Verschweig es, bevor ein anderer
es verschweigt!

Mitreden kann man unterbinden,
Mitschweigen nicht.

Schweigen ist nur dann von Bedeutung,
wenn es was zu sagen gibt.

Man kann über das Schweigen sprechen,
aber besser man schweigt!

Schweigen wird häufiger
gebogen als gebrochen.

Manches versteht man erst
nach längerem Schweigen.

Schweigen ist reden genug.

Unsagbares lässt sich nicht
verschweigen.

Schweigen ist mein größtes
Entgegenkommen.

Manches Schweigen ist
nicht der Rede wert.

Verschwiegenes ist oft nur Gerede.

Absolute Stille? Hört sich gut an!

Es gibt mehr Arten zu schweigen
als zu sprechen.

Schrei ruhig!

Wenn sich zwei Schweigen überlagern,
nimmt die Stille zu.

Wenn der Laute und der Leise
zusammenleben, ist es laut.

Nach ruhiger Arbeit entspannen
wir uns im Lärm.

Vor der Erfindung des Rasenmähers
waren Gärten Orte der Stille.

Für Laute ist es unter Leisen
kaum erträglich.

Wer die Ruhe verliert,
sucht schreiend weiter.

Beim Lärmen möchten wir
in Ruhe gelassen werden.

Poesie und Literatur

Je spezieller das Werk,
desto breiter die Ignoranz.

Die Muse küsst nur,
wenn sie ein Kind will.

Neue Bücher werden
bei lebendigem Geist rezensiert.

Staubige Bibliotheken sind
gefährliche Brutstätten des Geistes.

Die Evolution der Literatur
begann mit einem Einzeiler.

In der Poesie reicht die Leiter
bis ins Unerklärliche.

Poetische Sprachbilder deuten
Geheimisse unaussprechlicher
Möglichkeiten an.

Lyrik zeigt uns den Weg
zu verborgenen Sprachwelten.

Aphoristiker und Poeten verdichten
Sprache auf verschiedene Weise.

Haikus und kurze Gedichte: Brücken zwischen Aphorismen und Poesie

Blaues Wort auf grauem Grund
schwebt durch diesen Raum;
heftet sich an jedes Licht,
altes Wort, altgewordenes Verstehen.

Rotkehlchen am Meisenring,
wie ungeschickt du doch bist,
so aufgeplustert im Schnee!
Im Frühling singst du wieder.

Worte schwer und trunken
fallen zurück ins Ungesagte;

verlieren sich dort für immer.

Ich verbrenne im Geist;
Krähen auf meiner Seele.
Der Winter kommt spät
und ungebeten.

Der alte Baum dort,
wie würdevoll er dasteht!
Aber kaum jemand schaut hin.

Ich möchte eine Lupine sein,
am steinigen Ufer der Bode,
die schönste weit und breit!

Krähen umkreisen sich
in Scharen über den Dächern,
ihre Augen voller Himmel.
Wir ahnen es nur.

Einst zogen auf Feldwegen
alte Lieder mühsam übers Land.
Heut gehst du, zwingst aus dem Stein,
dem Sand, kein Wort.

Alle Tränen sind geronnen,
unser Glück ist längst versponnen.
Auf die Träume sich besinnen
und die Seele fliegt von hinnen.

Sinnentleert
liegt der Gedanke
am Boden des Wortes zerstört,
der Satz totgeboren.

Zwischen Hingabe und Flucht,
Zugeständnis und Zurückhaltung,
Liebe und Hass,
in die eigene Leere hinein
sich begreifen als Versuch.

Rissig sind die Lieder
und die Worte janusköpfig.
Lügen haben lange Beine.
Die Sprache, ein stumpfes Schwert,
breite Wunden reißt sie beim Treffen.

Abschied ohne Bedeutung.
Die Haut voneinander nehmen
und der Wind geht dazwischen.

Trinke im Nebel die Lieder
aus gefrorener Stille.
Über dem silbrigen Rasen
steigen Träume
versunkener Geschlechter auf.

Wir kennen nur das Schweigen,
das unser Reden unterbrich.
Wir wissen nichts von der Stille,
die unser Schweigen trägt.

Einst saßen die Alten am Feuer
bis Asche nur blieb.
Wie das Licht,
das wir brennen,
leben wir.

Ruhig geht die Zeit
von Atem zu Atem,
und erst, wenn das letzte Wort
den Raum still werden lässt,
geht sie zurück
in die blaue Mitte der Welt.

Aus einem stillen Haus
bist du gekommen,
hast mir Träume in die Augen gelegt.
Wie Licht waren sie
im Labyrinth meiner Gedanken.

Lügen, Ideologien und Standpunkte

Wahre Lügen

Lügen sind innovativer
als Wahrheiten.

Manche Wahrheit lässt die Realität
wie eine Lüge erscheinen.

Ich habe noch nie absichtlich
nicht gelogen.

Im Schatten untergehender Wahrheiten
üben neue Lügen ihren Auftritt.

Wahrheiten integrieren Lügen als
nachgeordnete Aspekte.

Lügen sind ungelogen die Wahrheit.

Wer überzeugend lügt,
kennt die Realität.

Ehe sie Teil einer Ideologie werden,
müssen Lügen sich bewahrheiten.

In der Politik dominieren
funktionsfähige Großlügen.

Manches ist nur gelogen,
wenn es stimmt.

Sie führten ihr bestes Argument ins Feld;
es fiel im Kampf gegen eine Lüge.

Zum Karneval geht die Dummheit
als Lüge.

Schon am Morgen sind
alle Lügen belegt.

Lügen allein hilft nicht; man muss
auch das Richtige lügen.

Unwahres zu sagen ist kein Problem,
wenn auch die Wahrheit gelogen ist.

Bei einem Lügenanteil unter fünfzig
Prozent gilt eine Meinung
als ausgewogen.

Ehrlich gesagt lüge ich.

Moralisten lügen besser,
sie haben auch mehr Gründe.

Stabile Beziehungen basieren
auf gemeinsamen Lügen.

Geheimnisse werden gehütet,
Lügen laufen frei herum.

Ehrlichkeit ist die beste
Tarnung des Lügners.

Ideologien und Standpunkte

Wenn die Realität sich irrt, muss sie
nochmal in die Schule der Ideologie.

Durch die Brille von Ideologen können
wir Realitäten besser verkennen.

Ideologie sortiert ein, freies Denken aus.

Verifizierungen lassen Ideologien
wachsen; Falsifizierungen helfen,
sie zu vermeiden.

Was, wenn wir nach ideologischer
Vergewaltigung schwanger gehen?

Denkmüde legen sich fest.

Ideologien konfusionieren häufig zu
neuen Großwahrheiten.

Wenn eine Ideologie verschwindet, setzt
sie verschwiegene Einsichten frei.

Abends treibe ich meine Gedanken
zusammen, damit sie die Ideologie
nicht holt.

Unser Denken ist ideologisch
kontaminiert, ganze Fragestellungen
sind gesperrt!

Mit gestohlenen Ideen düngen Ideologen
ihre dürftigen Wahrheiten.

Ideologen zeigen wenig Toleranz
gegenüber Andersnichtdenkenden.

Ideologien muss man auswendig lernen,
freies Denken nicht.

Ideologen schlagen den Realisten die
Köpfe ab und lassen sich ein Stück
von ihnen tragen.

Mit einem festen Standpunkt schafft man
es nie bis zum springenden Punkt.

Der Irrtum verschwindet,
die Irrenden bleiben.

Wenn wir uns festlegen,
bekommt das Denken wunde Stellen.

Wenigstens die Hauptdenkwege sollten
von Dogmen freigehalten werden!

Dogmen sind Antworten
auf verlorengegangene Fragen.

Ein Gedanke jagt den anderen;
Dogmen jagen im Rudel.

Auf Dogmenstau folgt Denkinfarkt.

Dogmen sind Gedanken in Aspik.

Dogmatik ist reine Wortglauberei.

Wenn man etwas einfach nicht glauben
kann, kommen komplizierte Dogmen
ins Spiel.

Um die Welt nicht verstehen zu müssen,
nehmen wir Standpunkte ein.

Paradigmen mutieren schnell zu
Paradogmen.

Dogmatik ist die Kunst,
um den heißen Brei herum zu denken.

Dogmen müssen hin und wieder
umgelogen werden.

Gott, Glauben und Religion

Gott und Mensch

Gott ist nicht nur im All, sondern
überall.

Gott handelt in Gedanken und
denkt in Taten.

Was, wenn Gott genug von uns hat?

Echter Gott ist immer seltener
im Angebot.

Gott meidet die Wege des Herrn.

Gott besitzt eine Bibliothek
ungeschriebener Bücher.

Gottes Existenz ist so sicher
wie die Armen vor der Kirche.

Erst hat Gott uns und dann sich selbst
aus dem Staub gemacht.

Ob die Wirklichkeit
Gottes einzige Erfindung ist?

Nachts ruht sich Gott in
unserer Einsamkeit aus.

Gott hat uns erschaffen,
damit wir ihn ins Leben rufen.

Gäbe es uns nicht,
würde nur Gott es bemerken.

Gott erfand die Fliege, wir die Klatsche.

Gott will sich von uns.

Wenn Mutter Natur und Mutter Maria
sich streiten, zieht sich Gott in seine
Lieblingsmöglichkeit zurück.

Wenn Gott genug von uns hat,
schaltet er die Gravitation aus.

Was, wenn Gott sich mit der
Wirklichkeit selbst was vormacht?

Wer weiß schon, wieviele Universen
Gott am Laufen hat!

Gott lässt sich zwar in die Karten
schauen, erklärt aber die Regeln nicht.

Gott ist berechenbar, man muss nur
himmlisch gut rechnen können.

Nach unserer Erschöpfung
war auch Gott erschöpft.

In uns kommt Gott zu sich.

Gott hat uns zum Handeln aufgefordert,
so wurden wir Händler.

Ich habe Gott gegenüber keine
Geheimnisse, und auch er bemüht sich.

Was Gott mit uns vorhat,
müssen wir selbst entscheiden.

Gott hilft uns auch,
wenn es ihn nicht gibt.

Wer zu Gott will, muss alle Wege
auf einmal gehen.

Gott ist mir ganz nahe, näher lasse ich
ihn aber auch nicht ran!

Gott macht uns aus.

In Wahrheit entfernen wir uns von Gott;
in Wirklichkeit sind wir eins mit ihm.

Die Wege zu Gott
sind kürzer als wir glauben.

Gott hat uns nicht erschaffen,
damit wir an ihn glauben.

Den dreifältigen Gott
haben wir uns selbst gefaltet.

Gott hat das Paradies aus uns vertrieben.

Menschen sind Götter
zum Selberbasteln.

Kinder können manches besser als Gott,
zum Beispiel durch Zahnlücken pfeifen.

Gott bestraft die Bösen mit Hedonismus
und die Guten mit Einsicht.

Gott spielt keine Rolle,
er gibt sich wie er ist.

In jedem Menschen ist Gott
ganz mit sich allein.

Wenn wir Gottes Ebenbild sind,
dann will ich nichts mit ihm
zu tun haben!

Durch uns zweifelt Gott an sich.

Wir haben ein verdammtes Glück,
dass uns Gott trotzdem mag!

Ich lege mein Leben in Gottes Hand, soll
er damit machen, was ich will!

Gott macht weiter bis zu unserer
völligen Erschöpfung.

Glauben an und Wissen von Gott

Glauben stützt sich auf Unglaubliches,
Wissen auf Glaubwürdiges.

Es gibt keinen Grund
an Gott nur zu glauben.

Von Gott können wir wissen, unsere
Wahrheiten müssen wir glauben.

Auch was wir wissen können,
glauben wir lieber.

Wissen unterscheidet sich von Glauben
durch größere Ungewissheit.

Glaube versetzt Berge,
Wissenschaft schützt sie davor.

Über Gott weiß niemand mehr
als über sich.

Es ist kaum zu glauben,
was die Leute so alles glauben!

Glauben kann man was man will,
wissen nicht.

Unser Wissen von Gott wird durch
Religion auf Glauben reduziert.

Gott und Kinder mögen es,
wenn jemand an sie glaubt.

Ob es Gott frustriert,
dass alle nur an ihn glauben?

Es gibt keinen Gott,
an den niemand glaubt.

Im Glauben an sich selbst
sind viele Pietisten.

Seinen Glauben kann man nur
in dessen Mitte verlieren.

Grundlage des Glaubens
ist ungläubiges Staunen.

Gläubige sind wie Blinde, die Kerzen
anzünden, um sich an ihnen zu wärmen.

Man muss es nicht glauben,
nur weil es nicht stimmt.

Die einen glauben, weil sie bald dran
glauben müssen; die anderen müssen
dran glauben, wenn sie nicht mehr
daran glauben.

Glauben heißt, sich seines Unglaubens
nicht sicher zu sein.

Konfessionsware: Glauben von der
Stange.

Wenn auch der Verstand es glaubt,
gibt es kein Halten mehr.

Zurzeit wird mehr Glaubensabfall
recycelt als je zuvor!

Ich glaube mehr oder weniger gar nichts.

Gebete

Viele Gebete sind reine Betelei.

Nachts schaltet Gott seinen
Anbetbeantworter ein.

Es wird Zeit, dass Gott mal wieder
mit mir betet.

Wenn du schweigst,
versteht Gott dich besser.

Sendung und Empfang von Gebeten
sind auf dem Land besser.

Um alle Fürbittgebete zu verkraften,
geht Gott regelmäßig zur Supervision bei
einem Priester in Gotteszell.

Gebete behaupten eine Distanz
zwischen Gott und uns, die es
nicht wirklich gibt.

Hätte Gott keinen Handlungsspielraum,
wären Gebete für die Katz.

Nonnen lassen Gott bei ihren Gebeten
kaum zu Wort kommen.

Die Wege des Gebets sind kurz;
sie reichen vom Herzen
bis zum Verstand.

Die Leute ahnen ja nicht, was sie mit
ihren Gebeten alles anrichten!

Durch die ständigen Gebete bekommt
Gott einen falschen Eindruck von uns.

Zu Gott wurde schon gebetet,
als es ihn noch gar nicht mehr gab.

Wie ich gehört habe, akzeptiert Gott bei
Bittgebeten Tauschangebote.

Wer nach dem Gebet die Antwort
abwarten will, braucht ewig.

Dinge, die niemand erbeten hat, hebt
Gott für die nächste Ewigkeit auf.

Manchmal habe ich den Eindruck, Gott
komme unvorbereitet ins Gebet.

In uns trifft sich Gott heimlich mit sich.

Der gekreuzigte Mensch

Der Mensch ist die Dornenkrone
der Schöpfung.

Gott ein Kind? Das sähe ihm ähnlich!

Mit dem Tod seines Sohnes lenkt Gott
uns von der unbarmherzigen Realität ab.

Am Kreuz verbürgt sich Gott für
und verbirgt sich vor uns.

Gott hat sich mit Mutter Maria gekreuzt.

Wenn Gott allmächtig ist, war der Tod
seines Sohnes am Kreuz nur
vorgetäuscht.

Das Kreuz verstellt uns den Blick
auf den unsichtbaren Gott.

Das Kreuz wurde wiederverwendet.

Jesus kommt ganz nach dem Vater.

Für Gott ist es unter Menschen
kreuzgefährlich.

Jesus war ein Kind Gottes
aus zweiter Ehe.

Gott ist für uns am Kreuz gestorben.
Wer's glaubt wird selig!

Jesus ist der Mensch
mit den besten Beziehungen.

Gott und Mensch ertragen sich
nur am Kreuz.

Kirchen, Konfessionen und Religionen

Priester pflanzen sich
durch Arbeitsteilung fort.

Wer an Gott im Himmel glaubt,
muss auf Erden Steuern zahlen.

Von einer Andacht sollte man nichts
durchdachtes erwarten.

Ostern ist Schönfärberei.

Was, rief der Bischof, eine schwangere
Nonne? Ich verlange eine Verklärung!

Ohne Inquisition sind
die zehn Gebote nur Angebote.

Eine Kreuzfahrt nach Dschidda
könnte falsch verstanden werden.

Die christlichen Konfessionen
liegen miteinander über Kreuz.

Die Götter glauben sich nicht.

Jeder Glaube ist wahrhaftig,
aber nicht jeder Gott wirklich.

Religionen unterscheiden sich
in ihren Gemeinsamkeiten.

Welcher Gott ist heute im Angebot?

Ohne Religion ist es schwer,
die Gebetsrichtung zu justieren.

Religionen verwundern Gott.

Religion ist Verstehen
wider besseres Wissen.

Jenseits von Himmel und Hölle

Unser Bild vom Jenseits ist
diesseits aller Vorstellungen.

Fromme langweilen sich im Paradies,
Kluge im Kastell der gerechten Heiden.

Bei der Zeugung kommen wir ins
Diesseits, nach unserer Überzeugung
ins Jenseits.

Ich habe extra ein Müsli geklaut,
um nicht in den Himmel zu müssen.

Wir kommen alle aus dem Himmel.

Wir leben zwischen Höllenspaß
und Himmelangst.

Was, wenn wir erst im Himmel
zu sündigen anfangen?

In der Hölle bessert sich keiner mehr.

Religionen sind durch das Anhimmeln
des Weltalls entstanden.

Wer glaubt, kriegt
todeslänglich Himmel!

Die Himmel liegen jenseits
unseres Horizonts.

Manche Geschenke fallen vom Himmel
direkt in die Hölle.

Atheismus

Atheisten glauben mehr als sie wissen.

Gott zu ärgern macht einen Heidenspaß!

Gott kennt alle Argumente gegen sich,
er hat sie selbst veranlasst.

Gott sei Dank gibt es Gott nicht!

Seit Gott zugegeben hat, dass es ihn
nicht gibt, reden wir wieder miteinander.

Um sich nicht selbst anbeten zu müssen,
ist Gott Atheist geworden.

Zu welcher Art von Atheisten man
gehört, hängt von den Göttern ab,
an die man nicht glaubt.

Atheisten sind untereinander
ein Herz und keine Seele.

Für viele Götter gibt es
nicht einmal Atheisten.

Von der Zeugung bis zum Ende des Sterbens

Zeugung und Geburt

Ungezeugt habe ich mich irgendwie
sicherer gefühlt.

Das Pendant zum Sterben ist nicht die
Geburt, sondern die Zeugung.

Am Tor zur Raumzeit warten die
Ungezeugten auf Einlass.

Gezeugt werden nur Menschen,
die sich selbst ausdenken.

Für Abgetriebene wird
die Gebärmutter zur Todeszelle.

Ich hatte schon ganz vergessen,
dass es mich wieder einmal
geben würde.

Durch die Zeugung kommen wir in die
Welt, mit der Geburt auf die Erde.

Die Zeugung setzt keine besonderen
Überzeugungen voraus.

Wer geboren wird, ist
der Abtreibung entkommen.

Für Abgetriebene gibt es im Himmel
eine Frühchenabteilung.

Zählt man alle abgetriebenen Menschen
mit, sinkt unser Durchschnittsalter.

Über Abtreibung sollte man mit
Ungeborenen nicht diskutieren.

Abgetriebene haben keinen Geburtstag,
nur einen Todestag.

Kinder und Eltern

Gelassen bleibt, wer als Kind
gelassen wurde.

Buntes Kinderkichern verkleckert
eintönige Gedanken.

Ist es großartig, klein und artig zu sein?

Kinder fragen: Warum?
Erwachsene: Warum nicht?

An der Ampel warten die Erwachsenen
wegen der Kinder und die Kinder
wegen der Erwachsenen.

Wir bekommen immer weniger Kinder,
weil wir befürchten, sie werden wie wir.

Kinder verrennen,
Erwachsene vergehen sich.

Pflanze Apfelbäume in das Denken
deiner Kinder und sie schenken dir
später Äpfel!

Wegen der Tötung eines feindlichen
Kindes wurde der Soldat standrechtlich
belobigt.

Kinder verlieren sich mit der Zeit.

Heute lernen Kinder die Parodien
vor den Originalen.

Gute Mütter sind besessen
von ihren Kindern.

Kindlicher Unsinn dient
dem Training der Sinne.

Kinder von armen Eltern
bekommen in die Schule weniger mit.

Kinder rennen ohne Wette.

Kinder schaffen sich spielend.

Wer Kinder großzieht,
sollte nicht zu stark ziehen

Die Fehler ihrer Eltern erben Kinder
schon vor deren Tod.

Kinder spielen Kriegen,
Erwachsene führen Kriege!

Alte Seelen laufen schnell
zur früheren Form auf.

Kinder sind nicht gleichartig frech.

Nur Kinder dürfen Liebe einfordern.

Kinder stellen vieles an, Erwachsene
machen es wieder aus.

Wenn Soldaten fallen,
entfallen ihre Kinder.

Eine Mutter liebt jedes ihrer Kinder
mehr als alle anderen.

Wenn zwei sich lieben,
werden sie ein Baby.

Unsere Kinder sind völlig überfördert.

Nicht die Stärksten überleben,
sondern die mit Kindern.

Nachdenklichkeit befällt schon Babys!

Hüpfend und springend machen sich
Kinder mit der Gravitation vertraut.

Schularbeiten unterliegen
strenger Zensur.

Pädagogen holen uns da ab, wo sie sind.

Je breiter die Straßen, desto kleiner
der verbleibende Spielraum.

Gute Manieren sind das Ergebnis
strenger Verziehung.

Was, wenn wir eine Fälschung
unserer Eltern sind?

Wenn Babys ihre Eltern das erste Mal
sehen, sind sie sprachlos.

Es führen ältere Spuren zu uns
als die unserer Eltern.

Heutige Kinder sind abgeklärt,
ehe sie aufgeklärt wurden.

Jugend und Alter

Jung sind wir, solange uns das
normal erscheint.

Jugend ist leicht verderblich.

Irgendwann haben Kinder ihre
Unschuldigkeit getan.

Was Teenagern am peinlichsten ist,
gefällt den Eltern am meisten.

Deine Schwiegereltern
sind nicht in dich verliebt!

Wir altern langsam, damit immer
Zeit zum Gewöhnen bleibt.

Wer achtzigmal um die Sonne gekreist
ist, kann einiges erzählen.

Die einen nennen es die Zeit bis zur
Rente, die anderen das Leben.

Mit seiner Jugend sollte man nicht
zu lange warten.

Erst im Alter wird uns klar,
wieviel Zeit wir hatten.

Man nennt es Wechseljahre, wenn man
aufhört die Partner zu wechseln.

In glücklichen Stunden scheint die
Entropie zu stagnieren.

Viele Rentner sind nicht reif,
sondern überlagert.

Alte ernten heimlich Blicke,
die nicht für sie gedacht sind.

Verbreiteter ist die Endlifecrises.

Kinder halten Alter für Charakter.

Die dritte Hälfte des Lebens ist man tot.

Einige brauchen für das Leben ziemlich
lange, neunzig Jahre und mehr.

Mit achtzig hört man gern, dass man nur
noch zehn Jahre hat.

Alte Häuser erzählen
was ihnen gerade einfällt.

Immer mehr Menschen entscheiden sich
für das Altwerden.

Falten entstehen durch Entfaltung.

Zum Schluss verläuft man sich sogar
auf den eigenen Wegen.

Irgendwann spielt es keine Rolle mehr,
ob es eine Rolle spielt.

Frauen und Männer, Sexualität, Liebe und Ehe

Frauen sind das Gegenteil von dem, was
ein Mann niemals sein wird.

Im Herbst des Lebens werfen die Frauen
ihre bunten Kleider ab.

Frauen ziehen sich für Frauen an
und für Männer aus.

Frauen schauen interessiert weg.

Männer kaufen ein,
Frauen zwei oder drei.

Frauen leben und sprechen gern
über ihre Verhältnisse.

Frauen brauchen unbedingt etwas von
dem, was man nicht unbedingt braucht.

Meine Frau ist mir wütend über sich!

Was Frauen an Männern besonders
gefällt, ist deren größere Unvernunft.

Ist der Mann ausgezogen,
bleibt die Frau allein.

Nicht ganz ohne sind Frauen
nicht ganz ohne.

An sich mögen Frauen schicke
Klamotten, an anderen weniger.

Frauen streiten sich über Dinge, wegen
derer sich Männer nicht einmal
vertragen würden!

Mit den Frauen schuf Gott
unvollendete Tatsachen.

Frauen sind vortragend und
nachtragend zugleich.

Wann fliegt die erste
unbemannte Frau ins All?

Die berühmtesten Frauen waren
keine Männer.

Eine Frau ist nicht Herr ihrer Sinne.

Ich bin lieber keine Frau
als kein richtiger Mann.

Frauen sind anders anders als Männer
anders als Frauen sind.

Frauen sind viel schöner als sie
gerade aussehen.

Frauen haben attraktive und
funktionale Benutzeroberflächen.

Je älter Frauen werden,
desto schöner waren sie.

Wer bei Frauen ankommen will,
muss auf sie abfahren.

In der Phantasie der Männer ist
die Frauenquote längst übererfüllt.

Ein Wimpernschlag kann mehr Unheil
anrichten als ein Faustschlag.

Frauen machen sich aus Männern
was sie wollen.

Frauen bekleiden ihre Ämter schöner.

Gerade wird die Politik
auf Vorderfrau gebracht.

Ich bin von Frauen fasziniert,
aber eben nur fast.

Frauen werden aus Traurigkeit
aggressiv, Männer aus Wut.

Entweder man will Recht behalten
oder man liebt seine Frau.

Mehrere Launen teilen sich
jeweils eine Frau.

Es ist schwer, sich beim Weiterkommen
näher zu kommen.

Mir ist völlig unklar, warum Frauen
ausgerechnet Männer lieben!

Wie dürftig wirkt die Dummheit der
Frau neben der ihres Mannes!

Es gibt nichts schöneres als
nicht ganz so schöne Frauen.

Das Aussehen vieler Frauen lässt ahnen,
wie sie gern aussehen würden.

Männer sind wir nur wegen der Frauen.

Immer mehr Frauen sind Frauen, immer
weniger Männer Männer.

In unserer Beziehung ist sie
die stärkste Frau.

Weint die Frau, hat der Mann etwas
falsch gemacht, lacht sie, auch.

Ich mag Frauen mehr als Deutsche.

Emanzen sind Frauen mütterlicherseits.

Frauen sind schön zu Männern, die ihnen
schicke Autos machen.

Im Urlaub will ich mit meiner Frau
nichts zu tun haben!

Neu auf dem Markt für starke Frauen:
Muskelhalter.

In erster Hinsicht bin ich ein Mensch,
erst in zweiter keine Frau.

Männer wollen Frauen ohne
Hülle und Fülle!

Manche Jungfrau erweist sich als
umgeschriebenes Blatt.

Wer mit seiner Frau fremd geht, sollte
ihr nichts davon erzählen.

In der Mehrzahl sind Männer weiblich.

Beim Verkehr achten Männer zu wenig
auf den Gegenverkehr.

Weibliche Emanzipation:
Männer überholen ohne einzuholen.

Ist der Herr dämlich, herrscht die Dame.

Man nennt Mädchen Kirschen, weil sie
süß sind, aber einen harten Kern haben.

Lieber ein Stier ohne Hörner
als ein Ochse mit Geweih.

Die Sehnsucht ist oft schöner
als das Objekt der Begierde.

Verlass mich nicht!
Ich gebrauche dich noch!

Die Unschuld vom Lande
wird immer jünger.

Für manche Stunden reichen
sechzig Minuten nicht aus.

Seltsame Fremde verhindern Inzucht.

Abneigung weicht unerwünschter
Zuneigung aus.

Sextouristen sind weltläufig.

Was wollen sie?
Ich habe nur meine Lust erfüllt!

Einige machen es ab und zu,
andere ab und an.

Die meisten Versuchungen
sind den Versuch nicht wert.

Allein habe ich keine Lust.

Wenn es mir zu heiß wird, ruhe ich mich
in deinen Lidschatten aus.

Lüg doch bitte, dass du mich liebst!

Sex bedeutet,
gegen die Entropie anzuleben.

Mögliche Liebe verhindert Freundschaft.

Beim Finden verlieren sich
Liebende ineinander.

Wenn die Liebe geht, dreht sie sich noch
einmal fragend um.

In der Liebe ist unser Herz
das schlagende Argument.

Du kannst dich gegen
meine Liebe wehren, ich mich nicht.

Wen man lieb hat, den hat man; der
Liebe aber ist man hoffnungsvoll
ausgeliefert.

Nach dem Sex schrumpft die Liebe
auf ihre eigentliche Größe.

Aus Liebe wird sie oft verleugnet.

Wenn die Liebe gegangen ist, sieht man,
wen man alles vor sich hatte.

Von wegen Fortpflanzung! Wir sind
doch keine Kartoffeln!

Ich habe vergessen, wann wir uns
kennen verlernt haben.

Ältere Ehepartner wissen meist nicht, ob
sie sich gerade streiten.

Eine Beziehung ist am Ende, wenn es im
Streit nur noch um Worte geht.

Je mehr man jemanden liebt, desto öfter
muss man sich entscheiden.

Je länger wir gesucht haben,
desto schöner finden wir uns.

Am Ende wird die Ehe zum
Trockenstrauß.

Geschiedene verbindet für immer
die gemeinsame Trennung.

Bei der Scheidung
nehmen wir uns einander weg.

Bei der Scheidung zeigt sich,
ob man genug vom Andern hat.

Leben, Schmerz und Krankheit

Leben ist das Eigenartigste,
was ich je erlebt habe.

Leben: Tanz in allen Seelen.

Krankheit ist kein Charakter.

Für das Leben gibt es kein Rezept,
es ist verschreibungsfrei.

Wer vom Leben nichts erwartet,
sollte seine Erwartungen reduzieren.

Ich erwarte vom Leben
nur noch Werbung.

Manches im Leben muss man immer
wieder neu vergessen.

Leben ist ein verbreitetes Hobby.

Besser vom Leben mitgenommen,
als von Freunden zurückgelassen.

Wer im Leben etwas erreichen will,
sollte wissen, was ihn dort erwartet.

Überleben ist nicht das Ziel des Lebens,
sondern dessen Inhalt.

Jeder braucht ein anderes Tempo,
um Bahn zu halten.

Meist ist eine Sache gestorben,
sobald man von ihr leben will.

Die Vorteile des heutigen Lebens
sind erdrückend.

Verlier dich an das Leben
und du kannst nur gewinnen!

Besser das Leben meistern,
als ewig herumdoktern.

Solange du lebst, gib alles!
Danach kannst du es ruhiger angehen.

Das Leben geht weiter als man denkt.

Was, wenn uns unser Leben nicht reicht?

Durch das Leben gewinnt man
kurzfristig etwas Abstand zum Nichts.

Lebe, als ginge es um Leben und Tod!

Am besten stirbt man kurz davor.

Die Lebensdauer interessiert
nur Lebende.

Gefühlt sind manche Nächte
der längere Teil des Lebens.

Sie leiden an akutem Leben, sagte der
Arzt, ich gebe ihnen noch siebzig Jahre!

Schmerz ist die Krönung
subjektiver Wahrnehmung.

Senile leben länger als sie denken.

Man merkt es nicht, wenn man
plötzlich nichts mehr merkt.

Manche Sackgassen sind länger
als ein Leben.

Allgemeinmediziner wissen
was wir alles nicht haben.

Der Stein der Weißen: Gallenstein.

Weltschmerz vergeht
bei echten Schmerzen.

Ärzte behandeln alle Patienten gleich,
nur nicht gleich.

Irgendwann sind Psychotherapeuten
völlig zugehört.

Sterben und Tod

Manche leben so vorsichtig,
dass sie wie neu sterben.

Mit dem Sterben ist unser Leben
vorübergehend für immer beendet.

Lieber herbe Vorwürfe im Leben,
als freundliche Nachworte am Grab.

Nicht jedem gelingt das Sterben
gleich beim ersten Mal.

Leb dein Leben, als hättest du nur eins!

Wie ich sterben möchte?
In Gedanken versunken!

Ich bin gespannt, wer zu meiner
Beerdigung alles nicht kommt.

Der Tod fängt da an,
wo das Sterben aufhört.

Friedhöfe bewahren immer nur
die letzten Toten.

Der Tod als Nichtmehrsein ist eine
exklusive Form des Nichtseins.

Von wegen „lange Nacht des Todes"!
Wir machen durch bis
zur nächsten Zeugung!

Mit jeder Zeugung beginnt
ein neues Sterben.

Nicht der Tod ist unser letztes Erlebnis,
sondern das Sterben.

Für den Tod sollte man
rechtzeitig vorsargen.

Der Tod führt uns hinters Licht.

Was unser Dasein lebenswert macht,
bezahlen wir mit dem Tod.

Für den Tod ist es nie zu spät.

Wenn wir tot sind, zeigt sich
was geblieben ist.

Der Tod begrenzt unser Leben nicht,
er entgrenzt es.

Nach dem Sterben beginnt die schier
ewige Geschichte unseres
Nichtmehrseins.

Gestorbene kommen in den Himmel,
Geschlachtete in die Pfanne.

Nur solange wir leben, können wir
entscheiden, wovon wir uns trennen.

Ein Urteil über den Tod können wir uns
erst danach erlauben.

Mit jedem Sterben gewöhnen wir uns
etwas mehr an das Nichtmehrsein.

Nur einen Bruchteil unseres Todes
verbringen wir im Grab.

Im Grab haben wir Zeit, uns an das
Nichtmehrsein zu gewöhnen.

Eine neue Ewigkeit löscht alle Tode.

Auch wenn die Realität endet, bleibt die
Tatsache bestehen, dass wir
gelebt haben.

Experimentell nachgewiesen
ist nur der Beginn des Todes.

In Zukunft sind wir
nur die meiste Zeit tot.

Ohne Zeit lebt man ewig.

Einige leben länger, weil sich die
Familie keinen Sarg leisten kann.

Für spätere Leserinnen und Leser:
Viele Grüße aus dem Imperfekt!

Zum Glück sterben wir, ehe wir tot sind.

Es sind mehr Leute tot als lebendig.

Die Art der Beerdigung ist mir egal, ich
will einfach nur in Ruhe tot sein!

Zum Glück reden Tote nicht mit,
sonst wäre die Stimmung echt mies.

Wer tot ist, muss sich
nicht mehr beeilen.

Tot zu sein hat mich nie gestört, nur
jedes Mal dieses verdammte Sterben!

Nur wer gelebt hat, darf den Titel „tot"
im Namen führen.

Es werden viel mehr Menschen nicht
gezeugt, als es Verstorbene gibt.

Unsere Toten sind uns in uns
am nächsten.

Manche schieben das Sterben
vor sich her, bis sie tot sind.

Beim Sterben lassen wir
alles und nichts zurück.

Glück hat, wer selber sterben darf.

Das Sterben sollte man sich
für den Schluss aufheben.

Ungezeugte sind bis
zur Zeugung unsterblich.

Es erleichtert das Sterben, wenn man das
Leben schon vergessen hat.

Sterben ist gewöhnungsbedürftig!

Beim Sterben bin ich
immer wieder aufgeregt.

Im Moment sterben nur die Guten;
die Hölle wird grundsaniert.

Ist es auch Massenmord, wenn Tausende
einen Menschen töten?

Wer sich keine Zeit nimmt, stirbt früher.

Wer sich das Leben nimmt, verliert es.

Hoffentlich erlebe ich nicht,
dass du nach mir stirbst!

Die Friedhofsordnung gilt nur
für die noch Lebenden.

Manager finden auf dem Friedhof
ihre erste Ruhe.

Die Frage „Lebst du noch?"
lässt nur eine Antwort zu.

Ich möchte da beigesetzt werden,
wo ich mein Grab im Blick habe.

Am Grab werden Manager
eilig gesprochen.

Ich möchte irgendwo in den Weiten des
Universums begraben werden; am
liebsten im Garten hinter den
Stachelbeeren!

Warum redet eigentlich niemand über
den letzten Augenblick seines Lebens?

Viele schlagen hart auf,
ich möchte verglühen.

Die Anteilnahme hängt
vom Anteil im Testament ab.

Wie unser Skelett aussieht, ist nur
kurzfristig von Bedeutung.

Was manch einer erlebt hat, reicht
nicht einmal für eine gescheite Grabrede.

Mit unserem Ende können wir
wenig anfangen.

Beim Weltuntergang werden die letzten
Menschen fragen: Warum gerade wir?

Am Grab spricht der Priester dich aus.

In deinem nächsten Leben wirst du
ein Grabstein sein.

Grabsteine sind länger da,
haben aber weniger davon.

Beim Begräbnis
denkt der Archäologe prognostisch.

Menschlicher Körper und Geist

Man sieht es einem Menschen nicht an,
ob man es ihm ansieht.

Schönheit ist kein Verdienst,
eher eine Verdienstmöglichkeit.

Wenn du allein bist,
findet dich niemand hässlich.

Mein Körper hat seinen eigenen Kopf.

Früher gab es Komplexannahmestellen,
heute gehen wir zum Psychiater.

Jetzt ist auch noch mein Kopf
mit mir durchgebrannt!

Das Laufband an der Aldi-Kasse verrät
Dinge, die niemanden etwas angehen.

Unsere Gesichter sind unterschiedlich,
die Grimassen sind gleich.

Sommersprossen sind wichtige
Gesichtspunkte bei der Partnerwahl.

Früher machte Armut dünn.

Die Fetten sind nicht das Problem,
eher die Kursiven.

Unsere Körper kokettieren mit
abweichender Logik.

Talent und Genie sind geschenkt.

Meditation, Innerlichkeit, Entspannung

Wenn ich abschalte springe ich an.

In mir bin ich am weitesten entfernt.

Und was sammelst du? Mich.

Wir stehen unter dem Druck
effektiver Entspannung.

Sammlung ist die beste Zerstreuung.

Er floh in sich selbst und
wurde nicht wiedergesehen.

Wenn alles bedacht ist,
fehlt nur noch die Erleuchtung.

Ich glaube meine Aura flackert.

Autogenes Training ist
Fahrschule für die Seele.

Unsere Oberflächlichkeit verlagert sich
immer mehr nach innen.

Je weiter man läuft,
desto näher kommt man.

Wir finden nur zurück,
wenn wir von uns ausgehen.

Wer zu sich findet, kann bleiben,
solange er will.

Wer eins mit allem sein will,
muss alles auf einmal sein.

Wer sich gehen lässt, weiß nur,
woher er kommt.

Bei der Suche nach Erklärungen
gerät man immer tiefer ins Selbst.

Beim Nachdenken lerne ich ständig
neue Gegenden im Kopf kennen.

Meditation befreit Gedanken
von überflüssigen Worten.

Ich, Du und Wir

Ich selbst: Schizoide Selbstgespräche

Lebe ich oder komme ich nur vor?

Ob ich mich wohl später
an mich erinnere?

Meine Bestimmung ist verstimmt.

Nur von mir aus mache ich mit.

Ich mache lieber
das Eine vor dem Anderen.

Sie wollen nichts von mir,
ich gebe es ihnen aber nicht!

Man zählt auf mich,
aber ich rechne mich nicht.

Am liebsten bin ich
ein Mensch oder sowas.

Mein Name ist gefallen,
ich aber lebe!

Ich nehme es, wie es kommt
und lasse es, wenn es geht.

Außer mir ist alles, bis auf mich.

Mein Veranlasser ist kaputt.

Manches tun wir nur, um es
nicht machen zu müssen.

Musst denn ausgerechnet du so sein,
wie ich gern wäre?

Ich gehe etwas vor.

Alle, die ich war, bin ich jetzt, bleibe ich
und werde sie immer gewesen sein.

Am Boden der Wirklichkeit
ankern die Schiffe unserer Wiederkehr.

Ich gehöre zu denen,
die zu niemandem gehören.

Zu mir gelange ich nur noch
auf Schleichwegen.

Alles ist auf meiner Seite.

Ich fühle mich in dieser Welt
wie abgeholt und nicht bestellt.

Was, wenn man zu sich kommt,
und es ist schon ein Anderer da?

Wenn mein Kopf summt, bin ich an.

Selbstbeherrschung braucht innere
Gewaltenteilung.

Am schlimmsten ist man
mit sich selbst bestraft.

Wer aus sich herausgeht,
sollte wissen wohin er will.

Niemand ahnt auch nur, was er alles
nicht ist.

Sich zurückzunehmen ist schwierig;
wohin soll man denn auch mit einem
gebrauchten Selbst?

Seit ich mir Konkurrenz mache,
komme ich gut voran.

Sich selbst sollte man
besser nicht vertrauen!

Das Selbst ist eine Kammer,
die wir mit uns Fremdem teilen.

Jeden Tag versuche ich vergeblich nicht
zu verhindern, ein anderer zu werden.

Für mich bin ich wohl die beste Lösung.

Am besten schaffe ich es,
wenn ich mir nicht helfe.

Wer vor sich wegrennt,
muss schneller sein.

Am meisten vermisse ich mich nicht.

Ich akzeptiere mich nur, weil ich es
selber bin!

Mir selbst begegne ich immer seltener.

Teile meiner Meinung belügen mich;
ich sehe es ihnen an!

Was, wenn beim Selbstgespräch
beide dasselbe lügen?

Ich stehe mir nicht am nächsten.

Immer häufiger verwechsle ich
mich mit mir.

Beim Streit mit sich selbst hilft es,
sich miteinander zu verbünden.

Bei Selbstgesprächen ist schwer
vorhersagbar, wie wir nicht reagieren.

Mach dir beim Selbstgespräch Notizen;
vielleicht kannst du sie ja später
gegen dich verwenden!

Bei Selbstgesprächen hält man sich mit
vorschneller Kritik besser zurück.

Selbstkritik ermöglicht
unbemerkte Bestechung.

Bei Selbstgesprächen sollte man sich
nicht ständig ins Wort fallen.

Bei der Flucht vor mir selbst,
hat keiner von uns keinen Vorsprung.

Bei Selbstgesprächen erfahre ich Dinge
über mich, die ich eigentlich gar nicht
wissen will.

Wer sich selbst etwas vormacht,
spielt meist sich selbst.

Du und Ich

Wollen wir uns duzen?
Nein, ich bleibe beim Ich!

Nimm mich am besten so,
wie ich dadurch erst werde.

Deine Wege verlieren sich immer mehr
in meinen Weiten.

Mach doch, was ich willst!

Bevor sie dich kaputt machen,
nimm dich lieber ganz zurück!

Werde was du willst, nur nicht das,
was du bleiben willst!

Auch wenn sie dich feiern,
sie meinen nur sich!

Für dich gehe ich durch jede Feier!

Du bist zugezogen? Zieh dich auf!

So wie du mich siehst,
wäre ich mein Feind.

Zähl auf, was du alles nicht bist,
der Rest könntest du sein.

Ich kann mich nur daran erinnern, wie
du in den wichtigsten Momenten
nicht warst.

An deiner Seite fühle ich mich geborgt.

Halt mich fest, damit ich dich
nicht fallen lasse!

Warum wirfst du mir vor, dich nicht
entscheiden zu können?

Du allein kannst dich sein lassen
wie du willst.

Wenn ich von mir ausgehe,
lande ich immer bei dir.

An sich mag ich dich, nur nicht an mir.

Wenn du bei dir bist, bist du nie allein.

Wen du nichts tust, mach es
bitte nicht bei mir!

Wenn du dich ändern willst, werde
einfach, wie du eigentlich bist.

Du machst mir nichts aus dir.

Wir müssen uns loshalten und festlassen.

Mit dir bin ich lieber allein als mit mir.

Du verstellst dich und mir damit
den Weg zu dir!

Wenn nicht mal ich allein es nicht
schaffe, wie solltest du mir dann nicht
helfen können?

Für dich bin ich du, nicht ich.

Ich weiche dir nicht aus,
ich gehe nur meiner Wege!

Nimm alles hin, mehr ist nicht drin.

Du bist nur so wie du bist du.

Wir alle

Sucht nicht nach euch,
kommt gleich zu uns!

Wenn wir unter uns sind, bleiben wir
unter unseren Möglichkeiten.

Ich kann es nicht glauben,
dass wir mit uns verwandt sind!

Ohne uns seid ihr allein wir.

Gute und schlechte Laune hat man
meist gleichzeitig.

Wie wir am Ende sind, werden wir für
immer gewesen sein.

Von uns eingenommen sind wir
meist ohne Gegenwehr.

Das Es ist die fremde Weite in uns.

Wir wollen alle nur eins,
außer der Reihe dran sein!

Wir sind nicht nur, aber auch.

Wir sind solange allein wir, bis auch ihr
wir geworden seid.

Was erklären wir zuerst?
Uns für wichtig!

Wir können uns zwar sehen lassen,
aber keiner beachtet uns.

Immer mehr von uns sind nur geleast.

Wir sind nur ein Teil unserer selbst.

Wir können uns hingeben,
es nimmt sich nichts.

Ohne uns würden wir
manches besser machen.

Wenn wir nicht wären, könnten wir uns
nicht sicher sein, dass es uns nicht gibt.

Wir haben mehr als genug von uns.

Unsresgleichen kennen wir kaum noch.

Vieles können wir nur werden,
nicht bleiben.

Hätte es uns schon eher gegeben,
gäbe es uns heute nicht mehr.

Zu uns gehören auch alle,
die wir sein könnten.

Vielleicht irren wir uns ja,
und es gibt uns gar nicht?

Eigenschaften und Miteinander

Allerlei Eigenarten

Freundliche Menschen sind gut
zu missbrauchen.

Ich gucke extra weg,
sehe aber trotzdem keine netten Leute.

Es bessert sich alles
zum Schlechteren hin.

Beim Wechsel der Identität
übernehmen sich viele.

Hohes Selbstbewusstsein ist
die Folge niedriger Maßstäbe.

Am stabilsten sind materielle Ideale.

Keiner wird je erfahren,
wie er wirklich war.

Wir versuchen, uns die Änderung
als Bleiben einzurichten.

Drum prüfe, wer sich ewig ändert!

Am meisten ändern wir uns Tag für Tag.

Bescheidenheit ist
ein anspruchsvolles Ziel.

Wer mit sich unzufrieden ist,
ist mit anderen nicht zufriedener.

Bei Geizigen denkt man sich
besser seinen Teil.

Ehrgeizig sind wir nicht,
glückgeizig aber schon!

Das Wichtigste am Menschen
ist seine Wichtigkeit.

Unwichtige erkennt man daran, dass es
ihnen wichtig ist, nicht unwichtig
zu sein.

Alles wirklich Wichtige findet
beiläufig statt.

Vieles zählt zwar,
rechnet sich aber nicht.

Die Bedeutung
hängt von der Deutung ab.

Bedeutend ist,
was jede Umdeutung übersteht.

In guten Zeiten wollen alle das Salz an
der Suppe sein, in schlechten die Kelle.

Wenn ich schon unbekannt bin,
dann soll es wenigstens jeder wissen!

Wer Wirkung entfaltet, sollte sie
hinterher wieder zusammenlegen.

Vornehm bin ich nicht,
aber ich kann es mir ja vornehmen.

Der Weg zum Hedonismus beginnt
mitten in der inneren Leere.

Purismus ist einfach gut.

Gut Ding braucht Langeweile.

Wir langweilen uns hier, wir langweilen
uns dort, zwischendurch beeilen wir uns.

Bodenlose Gemeinheiten sind grundlos.

An sich sind Menschen sehr interessiert.

Jeder kocht sein Süppchen, aber nicht
jeder schürt sein eigenes Feuer.

Der Ungeduldige schmeißt den Pfeil,
bevor der Bogen gespannt ist.

Ignoranten setzen sich lieber mit
Gleichgesinnten zusammen als mit der
Realität auseinander.

Ignorieren kann man jemanden
nur aus der Nähe.

Viele Menschen werden
nicht mal ignoriert.

Heute ist es ziemlich normal,
sich unziemlich zu benehmen.

Geradlinige Menschen trägt es
bei der ersten Kurve aus der Spur.

Chaoten sind schwer in Ordnung, aber
noch schwerer in Ordnung zu bringen.

Bei vielen Chaoten wartet man
vergeblich auf die Geburt eines
tanzenden Sterns.

Tun und Lassen

Die besten Ideen kommen gleich
als Taten zur Welt.

Weder muss man etwas tun, nur weil
man es kann, noch muss man etwas
lassen, nur weil man es nicht kann.

Was nicht getan wird, verändert alles.

Wir bemühen uns ständig darum, das
Angenehme mit dem Nutzlosen
zu verbinden.

Auf gute Machbarschaft!

Nur was wir lassen können,
beherrschen wir.

Lassen trägt weiter als Tun.

Wenn es leichter wird, nehmen die
Schwierigkeiten zu.

Meist ist ein Zweck der Grund, und nicht
immer eine Sache die Ursache.

Jetzt sollen wir auch noch wollen, was
wir sollen! Aber das wollen wir nicht!

Wenn man nur wollte wie man könnte!

Dass sie unnütz sind,
macht viele Dinge erst nützlich.

Jeder Vorteil hat mehrere Nachteile.

Du lebst nicht unendlich,
also handle endlich!

Richtig ist nicht ganz falsch.

Es ist schwierig, etwas absichtlich nicht
richtig zu machen.

Ob du es tust oder nicht
tut am Ende nichts.

Alles ist solange richtig,
bis es falsch wird.

Was nur Menschen können,
brauchen auch nur sie.

Nutze die Chance, nicht jede Chance
nutzen zu müssen!

Nicht immer, nur dieses eine Mal, musst
du richtig gut sein!

Was wir wollen ist klar,
nur haben wir keine Lust dazu!

Ohne Preis kein Fleiß.

Was nicht getan wird,
ist nicht überall dasselbe.

Damit sich nichts ändert, müssen
wir ständig etwas ändern.

Wo Schatten sind, da ist auch Licht.

Glühbirnen gelten unter Birnen
als weithin leuchtende Beispiele.

Warten

Ehrlich wartet am längsten.

Manch einer wartet vergeblich
auf sieben magere Jahre.

Du kannst Eintagsfliegen erschlagen
oder den nächsten Tag abwarten.

Fang am besten mit dem an,
wofür du am längsten brauchst!

Sobald du nicht mehr wartest,
geschieht es.

Worauf sollten wir im Leben warten?
Auf einer Couch!

Stärken und Schwächen

Gemeinsame Schwächen führen zur
Solidarisierung, gleiche Stärken
zum Kampf.

Gezeigte Stärke lässt
verborgene Schwächen erkennen.

Wir haben eine Schwäche für Stärke.

Wie weit könnten wir sein, hätten sich
nicht immer die Stärkeren durchgesetzt!

Ein starker Wille hilft unseren
Schwächen, sich gegen unsere Stärken
zu behaupten.

Liberalität heißt nicht, die Schwächen
der anderen zu tolerieren, sondern
deren Stärken.

Nur unsere starken Seiten
beschreiben wir.

Stark wird man nur aus eigener Kraft.

Kraft erwächst aus Anstrengung.

Wir schöpfen Kraft aus einander.

Was wir uns am meisten nicht geben,
ist Mühe.

Je mehr wir uns anstrengen,
desto anstrengender wird es.

Nichts gegen Leute die Berge versetzen,
Hauptsache sie räumen hinterher
wieder auf!

Langsame kommen auf holprigen
Wegen oft besser voran.

Manchmal hilft nur noch kein Ausweg.

Der Feind der Langsamkeit ist
der Stillstand.

Leichtigkeit ist schwer erreichbar.

Unseren Schwierigkeiten begegnen wir
am besten mit Leichtigkeit.

Zu sich selbst führt ein Mutsprung.

Wachsender Mut ist die Folge
ständiger Zumutungen.

Wie sollen wir gleichzeitig aufgeweckt
und ausgeschlafen sein?

Entweder wir schaffen es
oder es schafft uns.

Langsame machen da weiter,
wo sie angefangen haben.

Unfähige werden bei
gleicher Eignung bevorzugt.

Wer glaubt fertig zu sein,
ist oft nur fix und fertig.

Mit Unterforderungen sind
starke Charaktere schnell überfordert.

Wir wollen nichts mehr durchsetzen,
es nur noch durchstehen.

Viele sind fertig,
weil sie nie fertig werden.

Für den Fall eines Falles hilft es,
fallen zu üben.

Wer tief gefallen ist,
kann immer noch ausrutschen.

Träge sind nicht die Langsamen, sondern
alle, die ihr Tempo nicht schnell genug
drosseln können.

Mit dem Stillstand geht es
immer schneller nicht voran.

Viele bleiben auf der Strecke,
weil es dort schöner ist.

Unterschiede und Gemeinsamkeiten

In Wahrheit sind wir alle gleich,
aber nicht wirklich.

Nur Gemeinsamkeiten machen
uns vergleichbar.

Menschen lassen sich danach
unterscheiden, ob man eher ihr Fehlen
oder ihre Anwesenheit bemerkt.

Was uns verbindet
sind gemeinsame Unterschiede.

Je geringer der Unterschied, desto größer
das Bedürfnis nach Unterscheidung.

Am stärksten unterscheiden sich unsere
Selbstverständlichkeiten.

Es gibt nicht Unangenehmeres, als etwas
Angenehmes, das man nicht mag.

Erzwungene Vielfalt ist
inszenierte Einfalt.

Vervielfältigung ist
das Ende von Vielfalt.

Alle Gemeinheiten bilden zusammen
die Allgemeinheit.

Die Stärke der Gemeinen
ist ihre Gemeinsamkeit.

Das gemeine Volk ist so gemein!

Gleich und gleich gesellt sich gern;
meistern muss man die Dinge
aber allein.

Ich habe eine kleine Gleichmacherei
eröffnet; der Andrang ist überwältigend!

Kleine Geister gehen in der Masse auf,
große unter.

Die Masse erkennt ihre Vorbilder
an deren Eitelkeit.

Für viele ist es ein weiter Weg
bis zum Mittelmaß.

Wir sprechen von Mediokrität, wenn wir
über sie und nicht mit ihnen
reden wollen.

Gleichmacherei ergibt nur
von unten Sinn.

Die Mitte spitzt sich immer mehr zu.

Die Erstbesten treiben
das Mittelmaß auf die Spitze.

Viele Mitläufer hat ihre Pflicht erfüllt.

Die Besten brechen den Maßstab
über uns.

Eliten sind eine Massenerscheinung.

Besondere Menschen sind
in besonderem Maße wie alle.

Würde ist nur von oben erkennbar.

Ich bin stolz kein Stolzer zu sein!

Stolz wird unangenehm, wenn er sich
mit Ignoranz verbindet.

Ganz Eitle deuten ihre Besonderheit
nur an.

Gegen Überheblichkeit sollte man eine
Verunsicherung abschließen.

Feine Leute machen
ihren Dreck heimlich.

Je beliebiger desto beliebter.

Die Menschen gehen
immer mehr auseinander.

Alle Menschen werden rüder.

Egalität: Jeder ist jedem egal.

Egalität ist ungleich besser.

Gäbe es weniger von euch,
könnten wir euch mögen.

Bald werdet ihr wir, und
sie werden ihr sein.

Außer bei uns sind wir überall Fremde.

Fremd ist, wer sein Dorf nicht dabeihat.

Er kam von weit her
und ging rasch weiter.

Je vertrauter es uns ist,
desto befremdlicher ist es für andere.

Migranten eruntern ein Land, um es sich
obertan zu machen.

Chinesen und Amerikaner
sind anders artig.

Was, wenn aus Fremdartigen plötzlich
Fremdfreche werden?

Wir wären auch nicht anders,
wenn wir anders wären.

Nicht jeder ist
auf die gleiche Weise anders.

Nicht nur die Anderen sind anders,
sondern auch wir.

Wer anders sein will, sollte darauf
achten, dass es nicht gerade alle wollen.

Das gemeinsame Anderssein
verbindet uns.

Umgang miteinander

Wie lange wir uns jetzt schon
nicht mehr kennen!

Sich kennen muss man erst lernen.

Wir wollen die Anderen nicht
kennenlernen, sondern von ihnen
kennengelernt werden.

Ich habe noch nie so viele nette Leute
nicht kennengelernt wie im Internet.

Ein komischer Blick, eine flüchtige
Bewegung, und schon nimmt das Leben
einen anderen Verlauf.

Besser wir gehen aufeinander zu als los.

Manche Einladungen sind echte
Hereinforderungen.

Nur Teilnehmer können
unbeteiligt wirken.

Den Termin kann ich leider nicht
wahrnehmen; ich habe gerade
keine Lust!

Besser man sagt die Absage fest zu.

Nach Absagen ist man oft
tagelang wie zugesagt.

Je mehr Teilnehmer,
desto kleiner der jeweilige Teil.

Unterredungen dienen der Überredung.

Auf manche Briefe gibt es nur dann die
gewünschte Antwort, wenn man
sie nicht abschickt.

Auf Augenhöhe?
Soweit gehe ich nicht runter!

Bevor wir uns schätzen,
schätzen wir uns ab.

Wir behandeln die Anderen nicht wie sie
sind, sondern wie sie uns erscheinen.

Bei aller Wertschätzung,
es ist nur eine Schätzung!

Die Anderen denken über dich
was ihnen gerade passt.

Zuspruch öffnet.

Wer alles über uns wissen will,
will meist nichts von uns wissen.

Wir wissen nichts voneinander,
und das auch noch ungenau.

Spontane Reaktionen
überlegt man sich besser vorher.

Alles im gelben Bereich!

Vertrauen und Verstehen

Wer sich einmal vertraut hat, traut sich
so schnell nicht wieder.

Wir vertrauen uns oft aus Mangel
an Alternativen.

Die einen schenken Vertrauen,
andere handeln damit.

Die Freundlichkeit des Unternehmers
ist ein Angebot zum Geschäft.

Kellnerinnen stellen ihr Lächeln
in Rechnung.

Noch in den Details des Tadels
suchen wir nach Lob.

Wenn sie dich loben, sieh erst,
wen sie sonst noch loben!

Man soll sich ja nicht selbst loben,
aber sonst tut es ja keiner!

Komplimente sorgen für Erheiterung,
wenn alle wissen, dass sie
unbegründet sind.

Ab sofort bestimme ich selbst,
wer mir nicht zustimmen darf!

Am schnellsten stimmen Menschen zu,
wenn sie nicht mit Argumenten
belästigt werden.

Für den Umgang mit Begeisterten
braucht es wahre Geisterjäger.

Die Folge der Informationsgesellschaft
ist eine zunehmende Abmerksamkeit.

Mitleid ist oft schmerzhafter
als das Leid.

Warum sollen wir Mitleid mit den
Hungernden haben? Sie haben doch auch
kein Mitleid mit uns Dicken!

Gefühle müssen gerührt werden,
sie setzen sonst an.

Lasst eure gute Laune nicht immer
an uns aus!

Bei besten Freundinnen
ist jede schöner als die andere.

Wenn dir meine Freundschaft nicht
reicht, dann sei besser mein Feind!

Geschenke erhalten
die Freundschaft nur.

Vertraute kommen von vornherein
durch die Hintertür.

Menschen, die man lange kennt,
lassen sich nicht ersetzen.

Immer wenn du die Idee hast, jemandem
Blumen zu schenken, solltest du es
unbedingt tun!

Geschenke sind integrale Bestandteile
unserer sozialen Identität.

Ablehnung

Manche Geschenke kann man beim
besten Unwillen nicht ablehnen.

Für manches, was man geschenkt
bekommt, zahlt man am Ende doppelt.

In manchen Situationen
kann man schlecht Ja sagen.

Abwendungen lassen sich durch
Zuwendungen abwenden.

Ein Glück, dass ich nicht alle kenne,
die ich nicht mag.

Wir lassen uns lieber über jemanden aus
als mit ihm ein.

Früher wurden Menschen ans Kreuz
genagelt, heute werden sie
aufs Kreuz gelegt.

Manch kleine Flamme wird ausgelacht.

Bei verbalen Verletzungen helfen
Verbindlichkeiten.

Die Erniedrigung eines anderen
Menschen ist immer eine Angleichung
an das eigene Niveau.

Weggeworfene wären lieber verloren.

Wer platt gemacht wird, kann immer
noch zweidimensional weiterleben.

Vor allem Leute ohne
gehen sich auf den Geist.

Die Aufdringlichen sind mir immer noch
lieber als die Unterdringlichen.

Wer sich Ärger erspart,
kann von den Zinsen leben.

Wir nehmen Opfer in Kauf,
aber nur auf Kommissionsbasis!

Wer Verdacht schöpft,
wechselt den Brunnen.

Du willst die Leute nicht stören?
Aber sie wollen gestört werden!

Wer Kritik übt,
sollte eigene Fehler zugeben.

Die ärgerlichste Kritik besteht in der
Nennung von Fakten.

Wer keine Kritik verträgt, hört nicht
gern, dass er keine Kritik verträgt.

Kritik wird geübt, nie schon beherrscht.

Die Art der Kritik verweist
auf mögliche Lösungskompetenzen.

Meine Reaktion hängt davon ab, wie
deine Reaktion darauf sein wird.

Tränen verdampfen auf Wut zu
gewalttätigen Illusionen.

Manche Art von Wut zählt eigentlich
eher zur guten Laune.

Zorn ist der bittere Schaum
auf der Traurigkeit.

Wenn du Streit suchst,
geh unter Menschen!

Irgendwann lässt der Streit
die Argumente hinter sich.

Bei dicker Luft wird die Luft dünn.

Wo treffen wir uns?
Zwischen den Augen!

Solange wir jemandem nicht schaden
können, sollten wir lieber freundlich
zu ihm sein.

Seine stärksten Gegner sollte man sich
nicht zu Feinden machen.

Misanthropie hilft, die Menschen nicht
verstehen zu müssen.

Ein Misanthrop fühlt sich bestätigt,
wenn ihn endlich auch sein letzter
Freund verraten hat.

Nur ein Mensch hält es unter uns aus.

Vertragen und Entschuldigen

Wir geben unser Letztes;
das Beste aber behalten wir.

Nicht alles ist uns gegeben,
manches müssen wir uns selber nehmen.

Nimm alles hin, mehr ist nicht drin!

Vergiss nicht, meine Unberechenbarkeit
in Rechnung zu stellen!

Es gibt immer mehr Stühle, zwischen die
wir uns setzen können.

Mit Verträgen verträgt man sich besser.

Ratschläge hinterlassen
nichts als Narben.

Wir vergeben uns vergeblich.

Man kann sich nicht entschuldigen,
sondern nur um Entschuldigung bitten.

Fehlende Menschenkenntnis hilft,
mit den Leuten klarzukommen.

Erst Missverständnisse ermöglichen ein
harmonisches Zusammenleben.

Akzeptanz bleibt aus, wenn ihre Gründe
hinterfragt werden.

Wir leben in einer Zeit der
Versachlichung zwischenmenschlicher
Beziehungen.

Ich möchte nicht sachlich beurteilt
werden, sondern menschlich!

Im Krankenhaus sind Patienten
nur die Hauptsache.

Manchmal muss man persönlich werden,
um sachlich zu bleiben.

Wir verkommen
immer schneller zur Sache.

Befindlichkeiten und Widerfahrnisse

Schicksal, Regel, Ausnahme, Normalität

Am liebsten hätten wir natürlich
ein schickes Schicksal!

Um sein Schicksal zu ändern,
muss man sich mit ihm anfreunden.

Das Normale ist etwas ganz Besonderes.

Um normal zu bleiben, bedarf es ganz
besonderer Fähigkeiten.

Viele Ereignisse treffen nicht ein,
sondern daneben.

Regelmäßigkeit bringt das Leben
völlig aus dem Rhythmus.

Regeln befolgt man nur,
solange man sie aushält.

Angst, Verzweiflung und Einsamkeit

Wenn man alt wird, lohnt es sich nicht
mehr, Angst vor der Zukunft zu haben.

Aus Angst machen wir uns
gegenseitig Angst.

Ohne Angst stirbt man daran.

Angst ist weder gut, wenn man sie hat,
noch schlecht, wenn man keine hat.

Wir ziehen alle an einem Strang,
am anderen Ende ziehen unsere Ängste.

Angst ist ein Schatten des Mutes.

Unser Leben ist erfüllt, angsterfüllt!

Aus Angst vor Enttäuschungen
versuchen wir, nicht besonders glücklich
zu sein.

Furcht braucht Objekte,
Angst ein Subjekt.

Irgendwann wird es langweilig,
immer nur Angst zu haben.

Am schönsten ist Liebe, wenn beide
etwas Angst voreinander haben.

Mit vergeblichen Schreien nageln wir
unsere Ängste ans Firmament.

Ängste sind Fesseln,
die uns das Schicksal anlegt.

Ehrfurcht vor dem Leben
resultiert aus der Furcht vor dem Tod.

Ein schweres Los erweist sich hin und
wieder als Hauptgewinn.

Die meisten Tränen vergießen wir
nach innen.

Tue ihnen nicht den Gefallen,
zu verzweifeln!

Einsam sind wir am liebsten gemeinsam.

Einsam ist nicht, wen niemand,
sondern wer niemanden liebt.

Nur auf gedachten Inseln
ist man wirklich allein.

Wir werden immer mehr
und immer einsamer.

Glück und Freude

Ich lasse mir mein Unglück von
niemandem verbieten!

Am schönsten ist etwas Glück
mitten im Unglück.

Wer ein erfülltes Leben hat,
braucht kein Glück.

Es geht einem nicht besser,
nur weil man mal Glück hatte!

In glücklichen Momenten
wird unser Unglück unerträglich.

Auch im Irrenhaus sind die Menschen
nicht glücklicher.

Glück zu haben ist ungefähr so,
als wäre man froh.

Zum Glück müssen wir
nicht immer glücklich sein.

Unser größtes Glück
bekommen wir gar nicht mit.

Unglücklich wird, wer sein Leben
auf Glück aufbauen will.

Glück gibt es nur in kleiner Münze,
alles andere ist Schein.

Das Glück ist nicht aus unserem Dorf.

Glück hat immer etwas
mit Traurigkeit zu tun.

Die sich richtig freuen können,
sind die Ersten, die weinen.

Freude ist eine Vorform von Leid.

Vorenthaltene Freude lässt sich
nicht nachholen.

Im Schmerz des Feindes
nistet unsere Freude.

Nicht immer freut man sich,
manchmal freut es einen nur.

Schadenfreude richtet
zusätzlichen Schaden an.

Gut, wenn etwas zu wünschen
übrigbleibt.

Wir haben alle nur einen Wunsch: die
Erfüllung all unserer Wünsche!

Wer nichts erwartet, dessen Wünsche
könnten in Erfüllung gehen.

Alltag

Essen und Trinken

Was wir nicht essen, hält uns gesund.

Fastfood ist eine Anregung zum Fasten.

Man isst auch das Kleingedruckte.

Manche Weine verstoßen
gegen die Etikette.

Selbst die Dünnen sind heute dicker.

Auch wenn wir Fleisch mögen
macht uns Gemüse satt.

Gänse mag ich ganz und gar.

Ich bevorzuge regionale Spezialitäten:
Made on Earth.

Es ist leichter, nichts zu essen,
wenn man nichts hat.

Aus meiner Sucht stellt sich
manches ganz anders dar.

Wer voll ist, redet Überflüssiges.

Abstinenzler nimmt man
in der Kneipe nicht für voll.

Der Körper schwankt zu anderen Zeiten
als der Geist.

Probleme lassen sich mit Alkohol nicht
lösen, bestenfalls konservieren.

In der Kneipe herrschen
Sucht und Ordnung!

Sucht weist klare Wege ins Ungewisse.

Wer leer ausgeht,
kommt voll nach Hause.

Geld, Geschäfte, Schulden, Armut und Reichtum

Für Geld kann man alles haben,
aber nicht sein.

Das Teuerste ist der Preis.

Beim Geld hört der Spaß auf,
weil man damit soviel Spaß haben kann.

Zufriedenheit setzt an, Stress setzt zu,
Geld setzt durch.

Kontinuierlich fließen die Geldströme
ins Mehr.

Für sich genommen ist Geld
eine feine Sache.

Die einen machen es für,
die anderen gegen Geld.

Geld stinkt nicht, aber es verduftet.

Manche Geschenke gibt es nur
gegen Bezahlung.

Wer mit dem Leben bezahlt,
gibt kein Trinkgeld.

Beim Geldverdienen hört die
Feindschaft auf.

Der Kurs zum Falschgeld
ist derzeit günstig.

Wenn du kein Geld hast, kommt es
darauf an, wieviel du nicht hast.

Geld ist kein Selbstzweck,
man braucht es zum Reichsein.

Die Börse ist eine Scheinwelt.

Vieles braucht man erst,
wenn man es hat.

Früher haben wir Dinge erstanden,
heute gehen wir shoppen.

Der Wert einer Sache entspricht der
Summe, die man dafür nicht
zu zahlen bereit ist.

Verluste lassen sich
zu einem Loch anhäufen.

Angeber können es sich nicht leisten,
sich etwas nicht leisten zu können.

Wir haben ein Konto für alles, was uns
erspart geblieben ist.

Je weniger Post man bekommt,
desto höher ist der Rechnungsanteil.

In vielen Währungen trügt der Schein.

Menschen und Banker stammen
von denselben Vorfahren ab.

Die Werbung liest uns die Wünsche
von den Links ab.

Der Preis macht viele Dinge
erst wertvoll.

Je mehr wir brauchen,
desto ärmer werden wir.

Manch einer macht mit seinem
Unvermögen ein Vermögen.

Gewinne verlieren sich mit der Zeit.

Grabspruch für Banker: Er hat sich um
seine Verdienste verdient gemacht!

Währungen sind nur dann gleich gültig,
wenn es gleichgültig ist, welche man hat.

Nicht umsonst machen wir
manches nicht umsonst.

Die Kaufhäuser gehen von der Jagd
zur Herdenhaltung über.

Neuester Trend: Anschleichwerbung.

Die wichtigste Aufklärung ist heute
die Produktaufklärung.

Oft müssen wir in Kauf nehmen,
was wir nicht geschenkt haben wollen.

Irgendwann lohnt es sich nicht mehr,
dass sich etwas lohnt.

Das Wesentliche liegt im Wesen,
nicht im Besitz.

Er fiel im Finanzkampf
einem Vorschuss zum Opfer.

Manche beherrschen ein wenig
Handwerk, um klappern zu können.

Bei genauerem Wegsehen
ist das Elend gar nicht so groß.

Arme kaufen nicht, wenn sie müssen,
sondern wenn sie können.

Arme haben nichts, Reiche Schulden.

Unsere Armen reichen uns.

Armut lässt sich leichter aufteilen
als Reichtum.

Lieber arm aber reich, als reich aber arm.

Unsere Armut ist die Obergrenze
des Reichtums anderer.

Arme gehen mit Dingen
verschwenderisch um, die nichts kosten.

Immigranten kommen,
um bei uns arm sein zu können.

Arme haben nichts,
davon aber ziemlich viel.

Wir haben mehr als andere nichts.

Nichts hat man erst,
wenn alle Schulden bezahlt sind.

Wir beurteilen die Welt vom
Kassenstandpunkt aus.

Es beleidigt das Sein, mit dem Haben
verglichen zu werden.

Not macht wendig.

Bürokratie und Karriere

Bürokraten brauchen ein starkes
Durchsitzungsvermögen.

Wir wollen uns nun
zur Tagesordnung übergeben!

Wer eine Sache mit Nachdruck vertreten
will, braucht die richtigen Vordrucke.

Büros sind die Fettzellen
der Gesellschaft.

Chefinnen mögen es nicht,
wenn man ihnen um den Bart geht.

Bürokraten haben öfter mal
einen Aussitzer.

In Hierarchien steigt man
am besten von oben ein.

Es heißt nicht umsonst Vorgesetzter und
nicht Ausgesuchter.

Wenn man weit kommen will, hilft es
nicht, hoch hüpfen zu können.

Anspruchsvolle Prüfungen
orientieren auf Ablehnung.

Viele scheitern schon ungeprüft.

Prüfung heißt, jemandem etwas erklären
zu müssen, der es besser weiß.

Zum Verstellungsgespräch erscheinen
Männer mit Anzug und Krawatte.

Erwähne beim Vorstellungsgespräch
bloß nicht deine Vorstellungen!

Manch einer wird trostlos entlassen.

Arbeitslos hört sich an,
als würden die Anderen arbeiten.

Meine Arbeit war nicht umsonst,
denn ich hatte zu tun.

Wer überarbeitet ist, sollte sich mal
überarbeiten lassen.

Medien und Informationen

Es ist alles eine Frage der Zeitung.

Keiner will mehr zuhören,
jeder nur noch aufhorchen.

Ständig werden wir
mit neuen Enthüllungen zugedeckt.

Kein Kanal ersetzt
den natürlichen Nachrichtenfluss.

Das Morgengrauen beginnt
mit der Zeitungslektüre.

Nachrichten orientieren sich eher an der
Nachfrage als am Angebot.

Es wird soviel gesagt, dass wir mit dem
Vergessen nicht nachkommen!

Die derzeitige Sintflut ist eine Datenflut.

Kunst und Kultur

Gute Künstler interessieren sich mehr
für alles Mögliche als für die Realität.

Gute Kunst ist eigenartig.

Kultur ist die Fortsetzung der Evolution
mit anderen Mitteln.

Keine Singularitäten machen Physikern
mehr zu schaffen als menschliche
Kulturen.

Am wirksamsten sind kulturelle
Massenvernichtungsmittel.

Aktionskünstler treten gern
bei öffentlichen Verunstaltungen auf.

Zivilisationen entstehen durch
die Kultivierung des Alltäglichen.

Schauspieler spielen
am liebsten sich selbst.

Kaum einer wird dafür bezahlt
so zu sein, wie er ist.

Eine wichtige Rolle spielen wir nur.

Schauspieler haben ein gutes
Verstellungsvermögen.

Ich soll die Maske ablegen?
Schlag mir den Kopf ab!

Ehrliche Menschen spielen keine Rolle.

Ich glaube, meine Rolle spielt mich!

Masken halten offene Gesichter
für Tarnung.

Piercing gab es früher nur
an den Nasen von Rindviechern.

Die Vernissage übertraf
die künstlichsten Erwartungen!

Künstler stellen unser Weltbild
vom Kopf auf die Hände.

Mit Mode verdient man nur Geld,
wenn sie über alle Massen gut ist.

Wer kein Publikum hat,
macht sich selbst was vor.

Im Theater lässt man die Masken fallen.

Warum soll ich dir die Show stehlen?
Ich kauf sie dir ab!

Musik kennt keine Grenzen,
vor allem Marschmusik.

Marschmusiker haben lautere Musik,
Kirchenmusiker lautere Absichten.

Nie werden alle Lieder gesungen sein.

Musik zeigt, dass Denken
keine Worte braucht.

Spaß und Ernst

Viele haben Spaß ohne es zu wissen.

Humor ist dem Ernst der Lage
nicht unangemessen.

Es macht Spaß, die eigene Intelligenz
an Dada zu vergeuden.

Ernste Dinge machen wir
nur noch zum Spaß.

Spaß ist Ernst in Geschenkpapier.

Irgendwann macht Spaß
keinen Spaß mehr.

Albernheit kaschiert mehr als Diskretion.

Der Spaß hört erst da auf,
wo der Ernst nicht hinkommt.

Wir müssen lernen,
mit dem Scherz zu leben.

Humor verwischt die Konturen unserer
Meinung und präzisiert ihren Kern.

Clowns spielen unsere Sorgen herunter.

Sport, Start und Ziel, Wege, Reisen, Grenzen

Sport verwandelt Fett in Zeit.

Wer sich beim Marathon beeilt,
hat schon verloren.

Auf kurzen Strecken muss man sich
mehr beeilen, auf langen Strecken
länger.

Veranstalten wir doch heute einmal
ein großes Wegrennen!

Im Alter betreibt man Sport,
um ihn noch lange treiben zu können.

Boxerphilosophie:
Geben ist seliger denn nehmen.

Die Besten nehmen am Wettbewerb
gar nicht erst teil.

Wer nicht mitgemacht hat,
hätte Sieger werden können.

Wettkämpfer mögen keine
zuvorkommenden Mitstreiter.

Wer alles aus sich herausholt, kann sich
hinterher ausstopfen lassen.

Doping ist Kunstdüngen beim
Menschen.

Am Start brechen wir auf,
am Ziel zusammen.

Gleich geht es los, ungleich endet es.

Nicht alle, die am Ziel ankommen,
sind am Start losgelaufen.

Vor dem Start sind alle Läufer
gleichschnell.

Ohne Ziel gibt es keinen Start,
wohl aber ein Beginnen.

Einige Ziele erreicht man nur,
wenn man nicht an den Start geht.

Leben ist kein Rennen, an dessen Ziel
der Schnellste gefeiert wird!

Mein Ziel ist es, keine unnötigen Ziele
haben zu müssen.

Wir brauchen kein Ziel,
uns reicht eine Richtung.

Das ist die Richtung,
aus der wir unser Ziel erwarten!

Mein Ziel liegt in der Gegenrichtung.

Ohne Ziel kann man sich nicht verirren.

Meine Zielgruppe überholt mich gerade.

Unser Weg hängt davon ab, woher wir
kommen, unser Ziel nicht.

Wer auf der Strecke bleibt,
ist dem Ziel entkommen.

Ein Ziel braucht man oft gar nicht;
manches muss man einfach nur
zu Ende bringen.

Ich distanziere mich ausdrücklich von
meiner Zielgruppe!

Meine Zielgruppe ist sich über ihr Ziel
noch nicht einig.

Wer kleine Ziele hat,
hält sich nicht bei großen auf.

Weil wir sie verfolgen, sind unsere Ziele
ständig auf der Flucht vor uns.

Wer ziellos sucht, findet lauter Anfänge.

Wir entwickeln uns zum Ziel hinab.

Ich habe mein Ziel als erster erreicht!

Den Weg kennt nur,
wer auch den Rückweg weiß.

Kotflügel: Mein Gott,
was waren das für Zeiten!

Wege führen hin und wieder weg.

Am rücksichtslosesten finde ich
Autofahrer, Radfahrer und Fußgänger!

Wenn ich in Eile bin
bekommt mein Tacho Ausschlag.

In der Steinzeit gab es keine Autos,
weil Tankstellen fehlten.

Keineswegs kommen wir besser voran.

Neue Maßeinheit für Verkehrsdichte:
Gefahrenheit.

Autoaggression ist auch nicht mehr das,
was sie mal war.

Wer die Orientierung verliert,
ist auf dem richtigen Weg.

Was nützt es, auf dem richtigen Weg zu
sein, wenn die Richtung nicht stimmt.

Wer im Kreis läuft,
braucht keine Wegweiser.

An der Kreuzung weicht die Hauptstraße
vom eigenen Weg ab.

Bei der Suche nach eigenen Wegen
treffen wir uns alle auf der Autobahn.

Aus Sicht der Bahn
ist jedes Auto eine Entgleisung.

Die Straßen werden immer länger und
verbinden immer weniger.

Wohin wohl die Wege geführt hätten,
die wir nicht gegangen sind?

Raser versuchen sich selbst zu
überholen.

Durch die vielen Zugverspätungen
wirkt das Land viel größer.

Zügig bedeutet heute,
dass etwas verspätet geschieht.

Neuester Trend bei Öko-Reisen: Dabei
sein, wenn etwas das letzte Mal passiert.

Macht eure Weltreisen
lieber in der Nähe!

Egal, wohin man reist,
man erlebt überall nur sich selbst.

Wann haben die Europäer
Amerika bedeckt?

Viele Grenzen trennen,
was durch sie erst entstanden ist.

Wer an seine Grenzen kommt,
sollte sich besser durchlassen.

Wenn es um alles geht,
ist der Weg länger.

Politik, Justiz, Frieden und Krieg

Demokratie, Wahlen, Politik, Diktatur

In der Demokratie gewinnen nicht die
Besten, sondern die Meisten.

Undemokratische Mehrheiten
sind am stabilsten.

Stabile Mehrheiten
lähmen die Demokratie.

Auch in Minderheiten
hat die Mehrheit das Sagen.

Wenn alle alles entscheiden,
entscheidet niemand etwas.

Demokratie funktioniert am besten
mit gleichgültigen Menschen.

Vertrauenswürdig ist, wer nicht von der
Mehrheit gewählt wurde.

Ein Hauptvorteil der Demokratie ist die
sedative Wirkung der Gleichgültigkeit.

Liberale Demokratie ist eine Frühform
zivilisierten Zusammenlebens.

In der Demokratie stimmt man ab,
nicht zu.

Demokratie ist die
Herrschaft der Unbeherrschten.

Freie Wahlen gibt es nur unter
Menschen.

Sogar in Demokratien
sind Veränderungen möglich.

Wir sind nicht dafür, nur nicht dagegen.

Was für ein Pech, dass uns ausgerechnet
Politiker regieren!

Politiker kann man mit Macht
glücklich machen.

Einigen Politikern kann man
nur voll zustimmen.

Politiker sind nur selbstredend
mit sich zufrieden.

Politiker reden am liebsten
auf Allgemeinplätzen.

Politiker schenken uns solange reinen
Wein ein, bis wir ihre Wohltaten
doppelt sehen.

Bei neuen Politikern muss man warten,
bis sich ihre Akzente gesetzt haben.

Je weiter ein Politiker runtergeht, desto
höher steigt er in der Wählergunst.

Bald werden sicher auch
Steuerrückzahlungen besteuert!

Keine Partei vertritt deine Interessen, du
kannst höchstens deren Ziele vertreten.

Die fatale Wirkung freier Wahlen:
Man sortiert sich selbst in Schubladen.

Die schweigende Mehrheit gibt bei
Wahlen ihre Stimme an Politiker ab.

Wenn alle im Dorf dieselbe Partei
wählen, ist es vorbei mit dem
Wahlgeheimnis.

Menschen laufen bei
Versammlungen zusammen.

Vor der Wahl versprechen Politiker
vieles, danach drücken sie sich
gewählt aus.

Plausibel ist Demokratie allein durch die
Möglichkeit des Abwählens.

Zustimmung ist Stimmung,
Enthaltung Haltung.

Wahlen sind frei, wenn man wählen
kann, aber nicht muss.

Wer Macht braucht, ist an höhere
Ordnungsprinzipien nicht gewöhnt.

Nicht immer haben die etwas zu sagen,
die etwas zu sagen haben.

Regierungen sind Symphonieorchester,
die Schlager spielen.

Opposition ist Zweite Wahl.

Auch im Denken von Konservativen
gibt es einen roten Faden.

In der Politik brodelt es, wenn das Gas
kleiner gedreht wird.

Unruhe ist die erste Bürgerpflicht.

Die Verärgerung öffentlicher Erregung
gilt als Erregung öffentlichen
Ärgernisses.

Die Gesellschaft ist nicht
verhindertengerecht.

Der Einzelne zählt nur,
solange die Mehrheit zahlt.

Asylanten flüchten zu uns
vor den Folgen unserer Politik.

Ich habe nur zugehört; jetzt wird
behauptet, ich gehöre dazu!

Das Volk folgt nicht mehr,
es bevölkert nur noch.

Skinheads sind auch innen kahl.

Ein Vergehen gegen die Diktatur konnte
ihnen nicht nachgewiesen werden.

Soll der Diktator doch in die Geschichte
eingehen, Hauptsache er geht schnell!

Zu Beginn einer Diktatur werden
Furcht und Lügen installiert.

Die Apokalypse vollzieht sich
in Form von Nationalypsen.

Gesetze, Justiz, Gefängnisse, Polizei, Recht und Unrecht

Vor dem Gesetz sind alle gleich,
danach nicht mehr.

Ein Verbot aller Verbote
verbietet sich von selbst.

Besser man kann, was man nicht darf,
als dass man darf, was man nicht kann.

Wenn das Recht auf Unrecht basiert,
ist im Unrecht, wer Recht hat.

Ich höre am Klang meiner Stimme ob
ich glaube, Recht zu haben.

Weil der Eine im Unrecht ist,
hat der Andere nicht unbedingt Recht.

Eine verbreitete Form der Justiz ist
Selbstrechtfertigung.

Wer dir die Schuld gibt,
nimmt sie selten zurück.

Ich bin lieber im Wald als im Recht.

Wer verstehen will, muss darauf
verzichten, Recht behalten zu wollen.

Es ist schwer, sich im Unrecht
zurecht zu finden.

Gleichheit bedeutet
gleiches Unrecht für alle.

In der Justiz ist Rechthaberei
der Normalfall.

Beim Rechtsstreit setzt sich oft
älteres Unrecht durch.

Recht kann man nicht haben,
nur bekommen.

Für Gewerkschaften gilt
das Faustrecht der Schwächeren.

Es nützt uns nichts, wenn
der Andere im Unrecht ist.

Man sollte nicht alles tun, was erlaubt,
und nicht alles lassen, was verboten ist.

Manches Vorurteil erweist sich als
maßlose Untertreibung.

Manch einer fällt Urteile
wie der Förster Fichten.

Einige Vorurteile erweisen sich
nach dem Urteil als Komplimente.

Bei Indizienprozessen versuchen manche
zu beweisen, dass ihre Indizien
Beweise sind.

Vor Gericht hilft es nicht,
sich selbst etwas zu beweisen.

Richter brauchen ein gutes
Verurteilungsvermögen.

Ein Urteil muss nicht gerecht sein,
um wirksam zu werden.

Diebstahl rostet nicht.

Noch nie hat jemand bestätigt,
hingerichtet worden zu sein.

In der Justiz ist Köpfen verboten,
beim Fußball beliebt.

Wenn das alte Testament nicht mehr gilt,
verliest der Notar ein neues.

Wieder sind einige ins Gefängnis
geflohen!

Eingelieferte sind ausgeliefert.

Henker erinnern sich gern
an einige Fallbeilspiele.

Bei der Todesstrafe bekommt man
gleich noch lebenslänglich.

Lebenslänglich
ist für junge Täter länger.

Wer sich fängt, wird entlassen.

Das sicherste Gefängnis hat Ausgänge
in eine gefährliche Freiheit.

Schöner als Freiheit ist Befreiung.

Die schlimmsten Gefängnisse sind
Situationen, denen wir nicht entkommen.

Ergriffen zeigen Gangster Reue.

Ziel vieler Befreier ist es,
die Befreiten selbst gefangen zu nehmen.

Die Angst vor Strafen sinkt,
wenn das Leben Strafe genug ist.

Krieg, Frieden, Militär, Feinde, Gegner

Kann man Frieden kriegen?

Zweifrontenkriege sind leichter zu
gewinnen als Zweifrontenfrieden.

Frieden macht uns verletzlich,
Kriege verletzen uns.

Wer das Kriegsbeil vergräbt,
merkt sich die Stelle.

Im Krieg gehören gute Minen
zum bösen Spiel.

Mit dem dabei erbeuteten Schwert
ziehen wir in die Schlacht.

Mit Artillerie kriegt man Grenzen weg.

Vorsicht vor entgegenkommenden
Soldaten!

An der Front schaut man
den Tatwaffen direkt ins Auge.

Wer auf dem Feld geschlachtet wird,
findet keine weitere Verwendung.

Der Mensch steht im Mittelpunkt
jeder Erschießung.

Die richtigen Kriege
kriegen wir erst noch!

Im Krieg werden als erstes
die Tatsachen zerstört.

Im Krieg wohnt man besser
ab vom Schuss.

Wer zurückbleibt bleibt übrig.

Gib dem Rückzug den Vorzug!

Der Rückzug bringt
das verbliebene Glück zurück.

Beim Rückzug kommt man
sich selbst wieder näher.

Auch Rückzüge sind hart erkämpft.

Beim Rückzug gibt es
keinen Weg zurück nach vorn.

Viel Feind viel eher tot.

Die höchste Beförderung bei der Armee
ist die ins Jenseits.

Im Krieg fallen zu müssen, sollten wir
uns nicht gefallen lassen.

Grabspruch eines zerfetzten Soldaten:
Ich war ein ganzer Kerl!

Gefallene feiern die Siege nicht mit.

Bewertungen von Kriegen
stammen stets von Überlebenden.

Tragt den Sieg davon,
aber lasst uns in Frieden!

Nach Kriegen muss vieles
neu bedacht werden.

Die Bomben sind heutzutage teurer
als die Häuser.

Die Visionen der Generäle: Divisionen.

Horizont der Generäle: Horifront.

Bestmögliche Note für Generäle:
Befriedend.

Als nächstes wollen die Generäle den
Weltfrieden in Angriff nehmen.

Militärputsch: Generalabrechnung.

Wir sollten das Militär
in die Reserve locken.

Der Name Wilhelm sollte ergänzt
werden durch Wilkeinhelm.

Orden werden nur verliehen.

Orden hängen an der Jacke,
nicht an der Brust.

Jeder Orden hat einen Gegenorden.

Statt eines Ordens wurde dem Sieger
Ausdruck verliehen.

Wenn du gewinnen willst, such dir
Freunde, wenn du siegen willst, Feinde.

Gegner können Freunde sein,
Feinde nicht.

Ohne Gegner ist man nur
halb so schnell.

Konflikte nehmen uns mit,
nur nicht bis zur Lösung.

Gegen den Vorwurf der Gewalt
wehren sich viele gewaltsam.

Der Eine schlägt vor, der Andere zurück.

Die Aufgabe des Soldaten
ist die Aufgabe des Gegners.

Spieler wollen gewinnen,
Kämpfer siegen.

Nur Unterlegene
müssen Vertrauen fassen.

Bei einer Niederlage
ist die Lage entscheidend.

Wer Vollkommenheit anstrebt, sollte mit
vollkommenen Niederlagen rechnen.

Ein Sieg bewirkt
jede Menge Niederlagen.

In einer Zeit ohne große Siege
fallen auch die Niederlagen klein aus.

Mit jedem Scheitern
wird man gescheiter.

Kriegsgerät der Pazifisten:
Nachsichtgeräte.

Kampfform von Pazifisten: Entrüstung.

Man muss nicht Partei ergreifen,
nur weil sich zwei Idioten streiten.

Ich sage dir hiermit den Kampf ab!

Wenn es sich ergibt,
ist der Kampf zu Ende.

Wer andere in den Schatten stellt,
stirbt selbst an Hitzschlag.

Sieger sind die Bestien.

Sieger ist man immer nur
für einen Augenblick.

Siege verlieren sich.

Sieger kennen sich unter Verlierern
gut aus.

Unsere Siege sind versiegt;
unser Geigen haben wir vergeigt.

Sich in kleinen Dingen zu verlieren, ist
wichtiger, als große Siege zu erringen.

Nicht der Beste siegt, sondern
der Sieger hat gewonnen.

Verloren steht der Sieger
auf dem Podest.

Aus verlorenen Siegen führt
ein Rückweg zum Selbst.

Der Erstbeste ist nicht der Beste.

Besser man ist mit Anstand der Beste,
als mit Abstand.

Dem Verlierer bleibt
ein gewinnendes Lächeln.

In einer Welt der Sieger
überwiegen die Verlierer.

Wettkämpfe wären interessanter,
gälte immer der Zweite als Sieger.

Deutschland

Deutschland liegt irgendwo
zwischen Entweder und Oder.

Schäferhunde sind
die beliebtesten Deutschen.

Neu an Deutschland:
Die Gefahr hält sich in Grenzen.

Nur im Deutschen heißt „bekommen"
auch „kriegen".

Deutsche sind in Europa
eine verschwindende Mehrheit.

Wir sind ein Volk ohne Zeit.

Wir können nicht mehr hinter das
zurück, was durch uns war.

Der Führer hat uns erst angeführt,
dann vorgeführt.

Kannten Sie die DDR? Ja, flüchtig.

Vergangenheit, Gegenwart und Zukunft

Zukunft und Gegenwart

Die Zukunft lässt sich nicht vorher,
sondern nur nachhersagen.

Es bringt nichts, sich eine bessere
Vergangenheit zu wünschen!

Jeden Tag versinkt unser Leben
tiefer in der Vergangenheit.

Früher war alles besser als davor.

Auf die Vergangenheit
wartet manch einer vergeblich.

Nichts geschieht ohne das,
was vorher war.

Viele kontrafaktische Entwicklungen
wären plausibler gewesen.

Die Chance, dass alles anders geworden
wäre, war unendlich groß.

Den unwesentlichsten Teil der
Geschichte haben wir hinter uns.

Die Geschichte der Ideen
ist eine stille Post.

Helden gehen in der Geschichte ein.

Historiker sagen voraus, was war.

Historiker retten kein Leben,
aber sie können Tote verschweigen.

Mehr noch als die Vergangenheit
versuche ich die Gegenwart
zu vergessen.

Die Vergangenheit nimmt mit der Zeit
immer mehr zu.

Ab dem Moment der Zeugung hat jeder
seine eigene Vergangenheit.

Wenn die Gegenwart stagniert,
holt die Vergangenheit sie ein.

Die Gegenwart wurde neu vermessen.
Sie liegt einige Jahre vor der
bisherigen Schätzung.

In Gegenwart anderer ist es angenehmer
als in der eigenen.

Unsere Gegenwart hängt davon ab,
gegen was wir warten.

Uns interessiert vor allem
der Schnee von heute.

Erster und Zweiter Weltkrieg;
das hört sich an, als ginge es so weiter!

Wenn die Zukunft eintritt, trete ich aus.

Was, wenn sie dir deine künftige
Vergangenheit vorwerfen?

Die Welt ist entsichert,
soll die Zukunft nur kommen!

Wichtig an der Zukunft ist das,
was nicht geblieben sein wird.

Die Zukunft beginnt immer erst
nach dem Kaffeetrinken.

Noch nie hat jemand seine Zukunft
erlebt, seine Vergangenheit jeder.

Niemand weiß,
was gerade alles nicht passiert.

Unbekannte Gegenwarten
mit fremden Vergangenheiten streben
ungeschehenen Zukünften zu.

Meine frühere Zukunft habe ich
verpasst; jetzt hänge ich hier in dieser
Gegenwart rum!

Die meisten denkbaren Zukünfte der
Vergangenheit sind leider zum Glück
nicht eingetreten.

Immigranten bringen fremde
Vergangenheiten in unsere
gemeinsame Zukunft mit.

In jedem Augenblick beginnt
eine neue Zukunft.

Heute wird ab morgen
für immer gewesen sein.

Unsere Zukunft ist schon jetzt
hoffnungslos veraltet.

Es gab jede Gegenwart
künftig schon immer.

Was war, ist nichts im Vergleich zu dem,
was gewesen sein wird.

So habe ich mir die Zukunft nicht
vorgestellt, als Gegenwart!

Es ist unverschämt, was uns künftige
Generationen alles vorenthalten werden!

Das Beste an der Zukunft ist, dass die
Gegenwart dann endlich Vergangenheit
sein wird.

Ich wohne in der Zukunft, habe aber eine
Zweitwohnung in der Gegenwart.

Vergangenheit und Zukunft

Wir sind auch ein Teil der Gegenwart
und Vergangenheit der Anderen.

Ab morgen leben wir am Beginn der
heutigen Zukunft und am Ende
der bisherigen Vergangenheit.

An der Zukunft ist interessant,
wie sich die Vergangenheit
weiterentwickeln wird.

Wir brauchen eine Zukunft,
die zu unserer Vergangenheit passt.

Solange wir leben, liegt der letzte Teil
unserer künftigen Vergangenheit
noch in der Zukunft.

Vieles ist für immer Vergangenheit; Das
meiste bleibt eine Zukunft,
die nicht eintritt.

Ein kleiner Teil unserer heutigen
Zukunft wird morgen schon
hinter uns liegen.

Die Zukunft hat keine Gegenwart, nur
eine sich ständig ändernde
Vergangenheit.

Die Zukunft ist der Teil der
Vergangenheit, der erst noch kommt.

Wenn man schläft, geht die
Vergangenheit direkt in Zukunft über.

Unsere Vergangenheit haben wir
verbraucht, jetzt machen wir uns
an die Zukunft!

Der Zukunft kommt man
mit der Zeit nicht näher.

Die Zukunft ist völlig überhofft.

Bau nicht auf das, was erst noch
kommen soll!

Jeden Morgen erwachen wir
in einer neuen Zukunft.

Wenn wir wüssten, was kommt, käme
alles anders, so dass wir wieder nicht
wüssten, was kommt.

Ich hatte die Zukunft ganz anders
in Erinnerung.

In dem Haus, in dem ich wohne, werde
ich später einmal gewohnt haben.

Übermorgen wird vieles anders gewesen
sein, als es heute für morgen
erwartet wird.

In zwei Tagen ist morgen schon gestern.

Es liegt mehr Vergangenheit
vor als hinter uns.

Vollendung ist voller Beginn.

Punkt Omega und Übermensch

Nach Evolution und Revolution beginnt
nun die Zeit der Manipulation.

Der Mensch ist im Begriff, sich
voll zum Klon zu machen.

Mich erschreckt, was wir werden.

Bis zum Zeitalter der Übermenschen
leben wir Menschen drunter und drüber.

Wir stehen kurz vor unserer
Megamorphose.

Irgendwann lässt eine menschenlose
Zukunft unser Dasein weit hinter sich.

Nur der Mensch hat die Potenz, seine
Potentiale zu potenzieren.

Am Ende waren wir das
mit dem Anfang vielleicht selbst?

Trotz allem könnten wir Menschen
ein guter Beginn werden.

Der Autor

Michael Richter (1952* in Berlin).
Studium der Evangelischen Theologie in
Ost-Berlin, Geschichte und Politik in
Hannover und Bonn. 1989 in Bonn
Promotion zum Dr. phil., Autor
zahlreicher Fachbücher. Zuletzt
erschienen u. a.:

Die Oberlausitz im Zweiten Weltkrieg.
Studie zu den wendisch-deutschen
Kreisen im Sachsen und Niederschlesien
1936-1946 (Schriften des Sorbischen
Instituts 68), 1035 Seiten, Bautzen 2022.

Bayern in der Friedlichen Revolution
1989/90, 599 Seiten, Norderstedt 2003.

Der zufällige Mensch. Wundersame
Wege vom Urknall zum Ich. (Sachbuch),
505 Seiten, Norderstedt 2002.

Das Saladin Fragment. Der schwarze
Stein von Süpplingenburg. (Fiction
Roman), 683 Seiten, Norderstedt, 2002.

Bisher erschienene Aphorismenbände

Wortbruch. Aphorismen, Berlin 1993.
Widersprüche. 1 000 neue Aphorismen,
Halle (Saale) 2006.
Wortschatz. Aphorismen, Hale (Saale)
2007.
Einspruch, Aphorismen, Halle (Saale)
2009.
Wortburg, Aphorismen, Norderstedt
2013.
Weltanstaunung, Aphorismen,
Norderstedt 2021.

Der vorliegende Band „Spiegelungen"
umfasst neben einer Mehrzahl neuer
Aphorismen auch eine Auswahl aus
bisher erschienenen Bänden.

Aphorismen in Sammelbänden

Rolf A. Burkart (Hg.): Wortkristall.
Aphorismen, Edition ad absurdum,
West-Berlin 1985.
Klaus von Welser (Hg.): Deutsche
Aphorismen, München/Zürich 1988.
Hans Stefan Wertheimer (Hg.): Lexikon
der heiteren Weisheiten. Die wichtigsten

Bonmots, Sprüche und Aphorismen, Thun 1996.

Ders. Geisteblitze, Hobelspäne. Ein Lexikon bissig-heiterer Weisheiten, Tübingen 2000.

Petra Kamburg/Friedemann Spicker/Jürgen Wilbert (Hg.): Gedankenspiel. Aphorismen, Fachbeiträge, Illustrationen, Bochum 2007.

Tobias Grüterich/Alexander Eilers (Hg.): Neue deutsche Aphorismen. Edition Azur, Dresden 2014.

Friedemann Spicker & Jürgen Wilbert (Hg.): Deutsche Aphoristik der Gegenwart. Eine aktuelle Bestandsaufnahme (DAphA-Drucke 14), Düsseldorf 2023

Kritiken

„Michael Richter vereinigt kluge Reflexionen, er formuliert – der Gattung der Aphorismen gemäß – knapp und scharf. In den besten Sätzen erreicht er jene Brillanz der Pointe, die alle langatmigen Theorien und Erörterungen überflüssig erscheinen lässt." (*Neue Zürcher Zeitung 31.12.1993*)

„Ist die Sprache der Ideologie langatmig, humorlos, dozierend, so teilt sich das freie Denken kurz, klar und originell mit. Es ist geradezu der Qualitätsbeweis eines guten Gedankens, dass er in knappster Form zu überzeugen vermag. Das Gegenteil der stumpfsinnigen politischen Losung ist die sprachliche Brillanz des Aphorismus. Einer guten Pointe opfert das freie Denken alle Theorien der Welt. Der Aphorismus steht nur für sich selbst. Jeder Satz wird einzeln abgerechnet. Kein Gedanke will sich hinter einem undurchschaubaren System verbergen. Aphorismen sind schnell. Sie bringen auf einen Nenner, worüber andere seitenlang herumschwadronieren. Sie wehren sich nicht gegen Falsifizierungen, sondern fordern sie direkt heraus. Ein Karton voller Aphorismen ist tausendmal wertvoller, als die mehrbändigen Gesamtausgaben eifernder Scholiasten". *(Johannes Gros, Jeder Satz wird einzeln abgerechnet, Vorwort zu Michael Richter, Wortbruch, Köln, Mai 1993, 5f.)*

„Über den ähnlichen Klang vieler Sentenzen formt Richter Sinn in Gegensinn, Logik in Kontra-Logik um.

Die Kenntnis der Sprache, ihrer Bedeutungsebenen und Nuancen ist oberste Voraussetzung für den Aphoristiker: Richter waltet darin souverän und taucht in alle Bereiche des Lebens, vom Intimen bis in die große Staatspolitik. Richter scheint alle Dinge, mit denen der Mensch zu tun hat, auf freche Art auszuhebeln. Nichts bleibt unverschont, auch nicht die Philosophie. Mit wenigen sprachlichen Mitteln hebt Richter die Welt unseres Gedankenuniversums aus den Angeln." *(Heinz Weissflog, Vorsicht! Aphorismen. Rezension Widersprüche. 1000 neue Aphorismen. In: Ostragehege. Zeitschrift für Literatur, Kunst (Dresden), Heft IV/2006, Nr. 44, S. 78f.)*

„Richter arbeitet sehr ernsthaft daran, die Gewissheiten des systematischen Denkens infrage zu stellen." *(Marburger Forum. Beiträge zur geistigen Situation der Gegenwart, 8. Jg. 2007, Heft 5.)*

„Und, wie sich nun zeigt, scheint der 55-jährige Historiker aus Dresden ebenso ein ‚Sonntagskind in Einfällen' zu sein, wie es einst Lichtenberg war." *(Markus Bundi: ‚Wer nicht lügt, wird wahrhaftet". Mittelland Zeitung/Aargauer Zeitung vom 7.1.2008)*

„Tolle Gedanken- und Wortspiele, die das Warten in der U-Bahn oder sonst wo kurzweilig werden lassen." *(Martina Wellmann, Rezension von „Widersprüche" bei Amazon vom 6.5.2010)*

„Michael Richters Aphorismen sind hervorragend. Ich kann ihn besser verstehen als die meisten Leute aus dem Westen, auch seine traurige Geschichte." *(Vytautas Karalius: Wartesaal zur Ewigkeit. Aphorismen, Paradoxa, ironische Anspielungen. Letztes Geleit nebst einer Handvoll Memorabilien. Herausgegeben und mit einem Vorwort versehen von Alexander Eilers, Lauterbach 2021).*

„In der Vergangenheit habe ich immer wieder gerne scharfsinnige und hintergründige Aphorismen von ihm auf Twitter angeführt, in der Hoffnung, dass auch andere Aphorismeninteressierte allmählich erkennen, dass es neben den allseits bekannten, gemeinfreien und totzitierten Autoren auch noch zeitgenössische Aphoristiker gibt, die zu ihren Lebzeiten als solche anzuerkennen sind und denen man auch noch zu Lebzeiten für ihre aphoristischen

Höchstleistungen den ihnen gebührenden Respekt entgegenbringen sollte. ... Michael Richter ist in der Tat einer der ganz großen Aphoristiker: Vor ihm ziehe ich meinen Hut!" (*Michael Wollman:* https://zitatsammlung. wordpress.com/2014/02/20/)

„Ein Volltreffer nach dem anderen. Fast jeder Aphorismus ist auf den springenden Punkt verdichtet und verknappt, kein Wort zu viel oder zu wenig, alles Muskeln und Nerven und kein überflüssiges Sprachfett. Wir halten diesen hochreflektierten Autor für einen der derzeit besten deutschsprachigen ‚Sentenzenschleifer'." *(Karin Ehlermann, Rezension von Wortburg bei Amazon vom 11.9.2016)*

„Richter versteht es wie kaum ein anderer zeitgenössischer Aphoristiker mit der Sprache zu spielen, ohne dass die Ernsthaftigkeit und Tiefe seiner Aussagen dadurch verloren ginge. Wie einst der berühmte Diogenes von Sinope (Diogenes in der Tonne) verfügt er über einen politisch-psychologischen Spürsinn für Unstimmigkeiten in persönlichen und gesellschaftlichen Herrschaftssystemen. Der Satz

‚Aphorismen sind keine Argumente,
eher Gegenargumente' ist programma-
tisch für Richters Aphorismen. Dem
Autor gelingt es auf subtile Weise,
Aussagen mit riesigen (fiktiven)
Ausrufezeichen durch ein kleines
davidsches Fragezeichen so ins Wanken
zu bringen, dass sie schließlich vom
Sockel fallen und eine Leere hinter-
lassen, in der der Leser seine eigenen
Gedanken sich entwickeln lassen kann.
Die Mittel, die Richter dazu einsetzt,
sind minimalistisch und gerade deshalb
so außerordentlich kraftvoll wie etwa in
„Der Mensch ist das Mittelmaß aller
Dinge." Richter benötigt nur wenige
Worte, um seine Gedankenpfeile ins
Schwarze zu lenken. „Der Aphorismus
fiel am Ende etwas ab." Eine solche
Kritik braucht wohl kaum ein Aphoris-
tiker weniger zu fürchten als Michael
Richter." *(Andreas Tenzer, www.zitate-
aphorismen.de)*

„Vielen Dank für Ihre unübertrefflichen
Aphorismen. Ehrlich gesagt, ist mir
unbegreiflich, wie so viele kluge
Denkanstöße so perfekt verknappt aus
einem einzigen Kopf kommen können.

Und nebenbei schlägt das Sprachzent-
rum Purzelbäume vor Freude. Oder
schweigt verblüfft." *(Sabine Ostertag,
Dresden 31.12.2019)*

„Bei Ihnen ist der Aphorismus so
ausgeprägt, dass er geradezu in
Reinform erscheint. Es hat einerseits
etwas Spielerisches, nur andererseits
liegt dem auch oft eine Scheinparadoxie
zugrunde, die einen nötigt, gewohnte
Zuordnungen und Sichtweisen in Frage
zustellen." *(Martin Lindhoff, Hamburg
14.3.2023)*